Contributors

The Princeton Review, Time Magazine

The Princeton Review is not
affiliated with Princeton
University or ETS.

McGraw-Hill School Division

A Division of The McGraw·Hill Companies

McGraw-Hill School Division
Two Penn Plaza
New York, New York 10121

Printed in the United States of America

ISBN 0-02-184841-6/2, Book 2
    4 5 6 7 8 9 043/071 04 03 02

Macmillan/McGraw-Hill Edition

McGRAW-HILL•LECTURA

Autores

María M. Acosta

Kathy Escamilla

Jan E. Hasbrouck

Juan Ramón Lira

Sylvia Cavazos Peña

Josefina Villamil Tinajero

Robert A. DeVillar

McGraw-Hill
School Division

New York   Farmington

UNIDAD 1

Un mundo por descubrir

UNIDAD 2

Pensemos juntos

Punto de partida

9

Un mundo por descubrir

Sorpresa

¡Una hoja caminando!
No, no, una hormiga
la va cargando.

Alicia Barreto de Corro

Cucarachitas

—Mariquita, María,
¿dónde está el hilo?

—Madre, las cucarachas
se lo han comido.

—Niña, tú mientes,
que las cucarachitas
no tienen dientes.
Anda, embustera,
que las cucarachitas
no tienen muelas.

Tradicional

Conozcamos a
Daniel Moretón

Daniel Moretón es de origen cubano, pero vive en Nueva York desde hace muchos años. Como él dice, los cuentos que le contaba su abuela cubana le gustaban tanto que ahora son su mayor fuente de inspiración. Ella le contaba todo tipo de cuentos y, entre ellos, uno de los favoritos de Daniel siempre fue el de la Cucarachita Martina. En la tradición caribeña, el cuento original se llama "Pérez y Martina", y es muy conocido entre todos los niños cubanos.

Aunque de pequeño ya empezó a hacer sus primeros dibujos, fue después cuando Daniel empezó a estudiar ilustración, en México y en Estados Unidos. A Daniel le encanta explorar nuevas formas de ilustrar, como puedes ver en este cuento. Para dibujar a Martina y todos los animales, Daniel utilizó gráficos hechos por computadora. Hay mucha gente que opina que las computadoras sólo pueden crear ilustraciones frías y sin vida, pero en este cuento él nos muestra que sí es posible conseguir lindos dibujos llenos de alegría.

La Cucarachita Martina

un cuento folklórico del Caribe

Versión e ilustraciones de Daniel Moretón

16

A Cucarachita Martina no le interesaba mucho la vida en la gran ciudad. No le gustaban los animales que se pasaban el tiempo en la esquina y el pensar que alguien la fuera a pisar le aterrorizaba.

¡CATAPLÁN!
¡CATAPLUM!

Pero era el ruido lo que menos le gustaba a Martina. Los sonidos estrepitosos de la ciudad le molestaban a sus oiditos y no la dejaban dormir toda la noche.

CLANK BAM BAM CHAS
PIIIIIIIIIIIIIIIIIIIIIIIIIIIIIIIIII
CRACH PLOM PLOM BUUU
UUUUUIIIIIIIIIIIIIIIIIIIIIIIIIIIIIIIIII

¡Tic Toc!
¡Tic Toc!

En algunas noches, sin embargo, cuando todo estaba tranquilo, Martina oía un *hermoso* sonido, un sonido suave y dulce que deambulaba por la noche como un leve susurro. Era el sonido más fabuloso que ella jamás hubiera escuchado y le hacía sentir un cosquilleo por dentro.

Un lunes tempranito en la mañana,
Cucarachita Martina decidió arreglarse y salir
en búsqueda del hermoso sonido. Llevó un
poco de dinero al mercado y allí compró

un cepillo de cabello

un lápiz para delinear los ojos

pintura de labios

tres chicles

y una caja grande de talco.

Talco™

Martina se apresuró. Se cepilló el cabello y se arregló la cara. Se lustró los zapatos y se abotonó su mejor vestido.

Nunca se había visto una cucaracha tan hermosa.

Cuando sonó el silbato del mediodía, Martina ya había salido en pos del hermoso sonido. No había caminado aún una cuadra cuando Perro la paró.

—¡Buenas tardes, Cucarachita Martina! —dijo Perro—. Luce más bonita que nunca hoy.

—Gracias —dijo Cucarachita, apretando su cartera.

—¿Se casaría conmigo? —le dijo Perro sonriendo.

—Oh, no podría de verdad —le contestó Martina—.
Estoy buscando un hermoso sonido.
—¿Un hermoso sonido? —preguntó Perro.
Y Perro dijo...

¡AU!

¡AU

AUF

AUF

AUF

—¡Qué ruido más horrible!
—espetó Martina, y echó un pie
calle abajo.

Cucarachita Martina seguía su camino cuando Cochinito de repente le obstruyó el paso.

—¡Con permiso! —dijo Cucarachita.

—¡No hay permiso que valga! —chilló Cochinito—. Es usted la cucaracha más maravillosa que yo haya visto en mi vida. ¿Se casa conmigo?

—No puedo casarme contigo —dijo Martina—. ¡Eres un cochino! Y además, estoy buscando un hermoso sonido.

—¿Un hermoso sonido? —resopló Cochinito.
Y Cochinito dijo...

—¡Qué ruido más horrible! —dijo Cucarachita
Martina, y se lanzó como una flecha calle abajo.

Al cabo de un rato, Gallo pasó corriendo por el lado de Cucarachita Martina.

—Perdóneme, señorita de tan vistoso talante, es usted una cucarachita muy espléndida —dijo Gallo—. ¿Se casaría conmigo?

clic clic clic clic clic clic

—No creo que pueda, ya ve, estoy buscando un hermoso sonido.

—¿Un hermoso sonido? —cacareó Gallo.
Y Gallo dijo...

kikirikiiiiiiii i i i
kirikiiii

—¡Dios mío, qué ruido más tremendo! —dijo Martina y muy campante siguió su camino en búsqueda del hermoso sonido.

Los días pasaron y Cucarachita Martina se convirtió en el tema de conversación de toda la ciudad. Todos los ojos la seguían mientras ella chancleteaba calle abajo. Los animales venían de todas partes para darle un vistazo a la encantadora Cucarachita en búsqueda del hermoso sonido.

Siguieron Pájaro...

¡PÍO! ¡PÍO! ¡PÍO!

Y Ratoncito...

¡CUI!
¡CUI!
¡CUI!
¡CUI!

Y **Toro desde ¡nada menos que Brasil!**

¡tilín! ¡tolón!

Pasaron las semanas y Cucarachita Martina pensaba solamente en el hermoso sonido. Ningún otro sonido la satisfacía...

ni el de Pez,

GLUB, GLUB, GLUB, GLUB, GLUB

ni el del señor Pulga,

¡PIN!

¡PIN!

¡PIN!

¡PIN!

BUZZZZZZ

ni siquiera el de Don Abejorro.

Pasaron los meses y Cucarachita Martina
anhelaba solamente escuchar otra vez el hermoso
sonido. Quería continuar la búsqueda pero sus
seis piececitos no podían más del cansancio.

Y fue en esa mismísima noche, mientras se
preparaba para acostarse, que Cucarachita Martina
oyó un sonido familiar, un sonido suave y dulce,
un hermoso sonido.

Era, de hecho, *el* hermoso sonido. Crecía y se hacía más y más fuerte y cada vez más hermoso hasta que llenó todo el cuarto. Martina, loca de contenta, dio varios tropiezos en lo que llegó a la ventana.

Allí, bajo el farol iluminado, había un pequeño grillo haciendo el sonido más hermoso que jamás nadie había oído.

—**Buenas noches**
—chirrió Grillo.

—**Buenas noches**
—suspiró Cucarachita Martina.

—Usted es la cucaracha más hermosa que yo haya visto —le dijo Grillo en una serenata.

—Y usted hace el sonido más hermoso que yo jamás había oído —replicó Cucarachita—. ¿Se casa conmigo?

—**¡Sí!**
—cantó Grillo.
—**Sí, me caso contigo.**

Y sin más ni más se casaron...

La familia y los amigos vinieron a gatas o arrastrándose desde todas partes sólo para ser testigos de esta ocasión tan sensacional. Desde el tío Ernie hasta la tía Hortensia, todo el mundo estaba de acuerdo. ¡La boda fue un éxito rotundo!

No pasó mucho tiempo antes de que Cucarachita Martina y Grillo se mudaran. Se fueron al campo, donde una cucarachita y un grillo pudieran disfrutar de los sonidos del silencio. Por las noches jugaban al bingo, hacían chocolate caliente y contemplaban las estrellas. Y, a veces, en noches especiales, cuando todo estaba tranquilo, llenaban la noche con el hermoso sonido.

Preguntas y actividades

1. ¿Por qué Martina no quiere vivir en la ciudad?

2. ¿Qué animales se enamoraron de Martina?

3. ¿Por qué crees que en las ilustraciones de este cuento se ven los sonidos que hace cada animal?

4. ¿Cómo resumirías este cuento?

5. Fíjate en las ilustraciones de "La abuelita aventurera" y "La Cucarachita Martina". ¿En qué se parecen?

Escribir un diario

Imagínate que eres Martina y ya estás viviendo en el campo. Escribe en tu diario una comparación entre el campo y la ciudad. ¿Cuál te gusta más? ¿Por qué?

Ilustrar una canción

¿Conoces la letra de la canción "La cucaracha"? "La cucaracha/ la cucaracha/ ya no puede caminar/ porque le falta/ porque no tiene/ las patitas de detrás." Haz una ilustración para cada verso.

Hacer una gráfica de barras

Piensa en cuatro ruidos que te molesten. Pregúntale a veinte personas cuál de ellos les desagrada más. Anota sus respuestas haciendo una rayita al lado del ruido que les desagrada. Con los resultados, haz una gráfica de cuatro barras. ¿Qué barra es la más larga? ¿Y la más corta? ¿Por qué?

Investigar

Busca en una enciclopedia de qué partes se compone el oído y para qué sirve cada una. Dibuja un diagrama que resuma la información que encuentres.

Usar un plano

Observa la ruta que siguió Martina para comprar el pan.

Contesta las siguientes preguntas.

1 ¿Qué te dice la línea de puntos?

2 ¿Por qué calles pasó Martina?

3 ¿Cuál sería una ruta más rápida?

4 Si Martina no quisiera encontrarse con Perro, Gato ni Pulga, ¿por dónde tendría que ir?

5 Después de comprar el pan, Martina tiene que dejar un libro en casa de Perro. ¿Por dónde podría ir?

Si lees el cuento con cuidado te será más fácil contestar las preguntas.

INDICACIONES:

Lee el cuento. Luego lee cada una de las preguntas.

MODELO

Un día nublado

—¡Mira! —dijo Nacho—. Está nublado hoy.

Chela fue a la ventana. Nacho le señaló las nubes, que cubrían el sol poco a poco. El cielo se puso oscuro. El viento comenzó a soplar.

—Me parece que va a llover —dijo Chela. Nacho recordó lo que su madre decía de la lluvia. La lluvia es buena para las plantas. Las plantas necesitan agua para crecer.

—¡No importa! —dijo Nacho. Cerró las ventanas y las puertas de la casa. Fue al armario y sacó un juego.

1 ¿Qué hace Nacho cuando parece que va a llover?

○ Se pone nervioso.

○ Duerme la siesta.

○ Busca algo para hacer en casa.

○ Se pone el impermeable.

2 ¿Qué recuerda Nacho sobre la lluvia?

○ Las plantas necesitan agua para crecer.

○ El sótano se va a mojar.

○ El día va a ser muy largo.

○ Ya llovió la semana anterior.

El girasol

El cielo
flota en el mar,
la nube
danza en el sol,
y en el
aromado espacio
abierto
está el girasol.

Gira, gira,
vuelve a girar,
que el tiempo pasa
y no vuelve más.

Isabel Freire de Matos

Conozcamos a Mireya Cueto

 Mireya Cueto nació en la ciudad de México. Su contacto con la literatura infantil empieza a través del teatro y los títeres, que son sus grandes pasiones. Además comienza a escribir guiones infantiles para radio y televisión de obras tan famosas como Don Quijote de la Mancha o Periquillo Sarmiento. Luego se dedicó de lleno a la literatura infantil, ganando el premio nacional de literatura "Juan de la Cabada" en 1978.

Aparte de escribir cuentos como "El hombre que no podía volar", que es una de sus obras más recientes, también es fundadora de dos compañías teatrales. Todavía hoy podrías tener la suerte de ver alguna obra suya, porque Mireya no ha dejado de hacer teatro. ¡Ella sí que no puede dejar de usar su imaginación!

El hombre que no podía volar

Mireya Cueto
Ilustraciones de Alain Espinosa

—Mira —dijo el león—, ese pobre tipo
no tiene garras ni puede dar un gran salto
como yo. A ése me lo como de una sentada.

—Se parece bastante a mí —confesó el mono—
pero el infeliz ni siquiera tiene una cola
como la mía para poder casi volar
por las copas de los árboles.
Si jugáramos carreras, yo le ganaría.

—Ya que hablas de volar
—metió su cuchara el águila—
el infeliz no tiene alas
y eso que hasta los insectos las tienen.

—Y para correr, el pobre diablo sólo usa
sus dos patas, a pesar de que tiene cuatro.
No entiendo —comentó con lástima la jirafa.

—Yo también uso nada más mis patas traseras
para correr, pero nadie me gana
—dijo el canguro— porque son mucho más grandes
que mis patas delanteras
y con unos músculos muy fuertes.

—Yo aunque soy chico —dijo el grillo—
podría decir lo mismo que el canguro
y más; puedo saltar varias veces mi tamaño.
En cambio el pobre bípedo
del que hablamos, nunca saltará tan alto.

—¡Si al menos tuviera su cuerpo
una buena piel como la mía! —presumió el oso.
Todos los animales peludos se rieron también.
—Parece rana —se burlaron.

La rana saltó y dijo: —Pues el extraño ser de este planeta está peor que yo, porque soy capaz de pasar mucho rato debajo del agua. Es una ventaja ser anfibio.

El elefante se dignó hablar y dijo:
—¿Ya se fijaron en sus dientes?
Ni siquiera le sirven para defenderse, son peores
que los dientes de los ratones que no dejan
de crecerles y nunca les fallan.

El ratón, al oírse nombrar, asomó el hocico
y dijo: —A mí no me anden comparando con
ese ser tan inferior que sólo tiene una cría por año;
allá de vez en cuando le nacen gemelos
y se asusta. Nosotros nos multiplicamos
tanto que algún día seremos dueños del planeta.

Se fueron juntando más y más animales
para presumirse unos a otros de su buena vista,
de su buen olfato, de poder pasar el invierno helado
en una cuevita sin comer y casi sin respirar,
y compararon sus dones físicos con los del infeliz
ser humano, al que observaban allá abajo en la llanura,
sentado en una roca y temblando de frío.

Todos los animales lo miraban
con desprecio y compasión
y no entendían lo que estaba haciendo.

El hombre de hace millones de años,
frotaba y frotaba con las manos dos piedras.
De pronto, de las piedras brotó una chispa,
de la chispa brotó el fuego y todos
los animales despavoridos echaron a correr,
se escondieron y hasta se les fue el habla.

Por eso nada más croan, o gruñen,
o rebuznan, o graznan, o aúllan.
No podían adivinar que el hombre, dentro
de su cabeza, tiene un cerebro más grande
que el de cualquier animal del planeta.

Y de ese cerebro brota algo maravilloso
que se llama imaginación, de donde han salido
y siguen saliendo las palabras, los sueños
y los inventos, las fantasías y las construcciones.

Nunca sospecharon que ese ser, en muchas cosas inferior a los animales, pudo a la larga, y gracias a su imaginación, volar como los pájaros, correr a gran velocidad enormes distancias y servirse de sus manos despegadas de la tierra para hacer obras de arte, ciudades y naves planetarias.

La imaginación va siempre corriendo y volando, por eso le dicen la loca de la casa.

Preguntas y actividades

1. Según la autora, ¿por qué los animales ya no hablan?

2. ¿Crees que este cuento es realidad, fantasía o un poco de todo? Explica tu respuesta con ejemplos.

3. Según el cuento, ¿quién es la loca de la casa? ¿Por qué?

4. ¿Por qué crees que la autora eligió este título?

5. La historia de "El monstruo Graciopeo" también sucede muchos miles de años atrás. ¿Cuál de los dos cuentos ocurrre primero?

Escribir un informe

Elige dos animales que aparezcan en el cuento. Escribe un informe comparándolos. ¿Qué puede hacer uno que no puede hacer el otro? ¿Qué tienen en común?

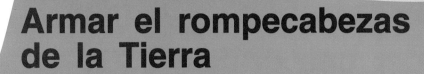

Armar el rompecabezas de la Tierra

Hace millones de años, mucho antes de que el hombre existiera, la Tierra era un solo continente. Luego se partió en bloques y éstos se separaron hasta formar los continentes actuales. Demuéstralo. Para ello, recorta de un mapamundi los cinco continentes e intenta encajarlos como si se tratara de un rompecabezas.

Demostrar la necesidad de oxígeno

El fuego, una vez encendido, necesita oxígeno para seguir ardiendo. Para demostrarlo coloca dentro de un tarro grande de cristal con tapa metálica, un cabo de vela. Pide a un adulto que lo prenda. Tapa el tarro. ¿Qué ocurre?

Investigar

En el reino animal existen dos grandes grupos, los vertebrados y los invertebrados. Busca en una enciclopedia qué tipos de animales pertenecen a cada uno. ¿Cuál de los dos tiene más individuos?

73

Leer una gráfica

La siguiente tabla muestra algunos de los animales en peligro de extinción.

ESPECIE	ESTADO	LUGAR	MOTIVO
Elefante asiático (*Elephas maximus*)	PE	Centro y sudeste asiático	Destrucción del hábitat (por la agricultura)
Gorila (*Gorilla gorilla*)	PE	Centro y oeste de África	Destrucción del hábitat, caza furtiva
Rinoceronte negro (*Diceros bicornis*)	CE	Sur del Sahara, África	Destrucción del hábitat, caza
Panda gigante (*Ailoropoda melanoleuca*)	PE	China	Hábitat restringido
Lobo rojo (*Canis rufus*)	CE	Sudeste de EE.UU. al centro de Texas	Destrucción del hábitat, trampas y venenos

PE: En peligro de extinción
CE: Casi extinta
Fuente: Lista roja de especies en peligro, 1996. Unión para la Conservación del Mundo (UCM)

Responde a las siguientes preguntas sobre la tabla.

1 ¿Qué animal de Estados Unidos se encuentra en peligro de extinción?

2 ¿Cuál es el motivo de extinción más común?

3 ¿Qué indican las palabras en cursiva?

4 ¿Crees que estos datos son creíbles? ¿Por qué?

5 Desafortunadamente, la lista de animales en peligro de extinción es mucho más larga. ¿En qué parte de la tabla los añadirías, en las columnas o en las filas?

> Piensa en la correspondencia que hay entre las partes del texto.

INDICACIONES:

Lee el cuento. Luego lee cada una de las preguntas.

MODELO

Del Atlántico al Pacífico

Estados Unidos tiene más de tres mil millas de ancho. En el Este hay colinas bajas y redondeadas. Hay muchas playas buenas donde se puede nadar.

En el centro del país la tierra es en general plana. Aquí es donde está la mayor parte de los cultivos del país.

En el Oeste hay muchas montañas altas de picos escarpados y puntiagudos. En la costa hay muchos acantilados de cientos de pies que descienden hacia el océano Pacífico.

Cada zona de los Estados Unidos es diferente de las demás. Pero todas son hermosas para visitar.

1 ¿En dónde hay montañas más altas?
○ En el Este
○ En el Oeste
○ En el centro del país
○ No hay montañas.

2 ¿Qué conclusión puedes sacar del texto?
○ En el país hay diversas clases de zonas.
○ El territorio del Este es igual al del Oeste.
○ La mayor parte de los cultivos crece en el Este.
○ En el Este no hay buenas playas.

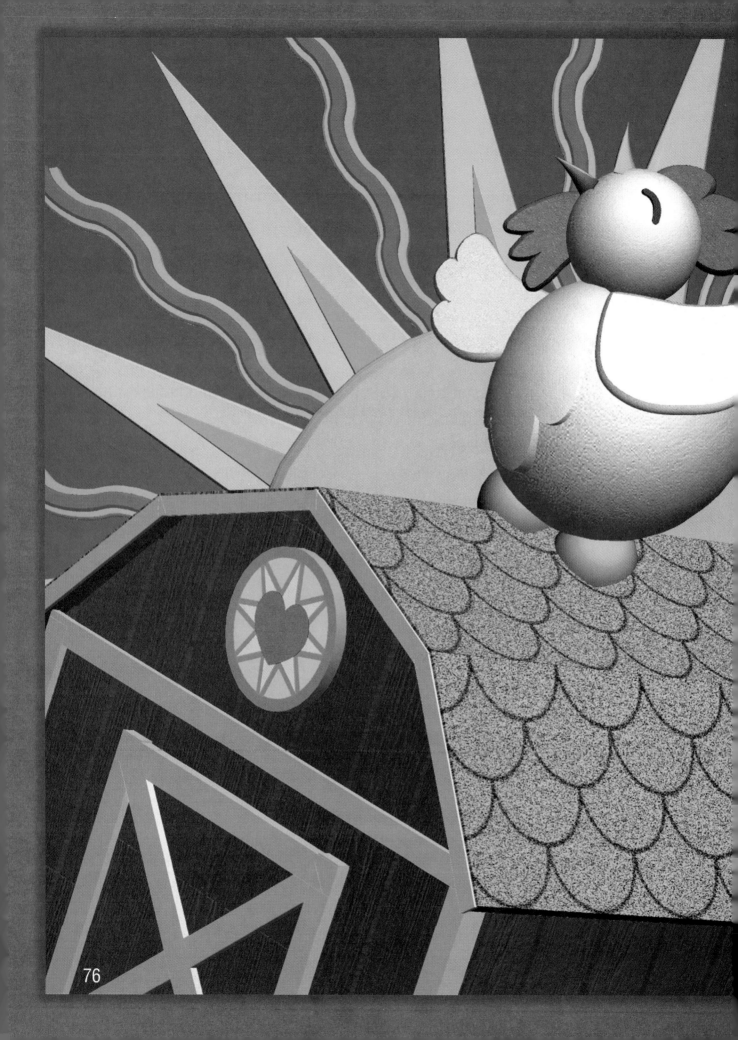

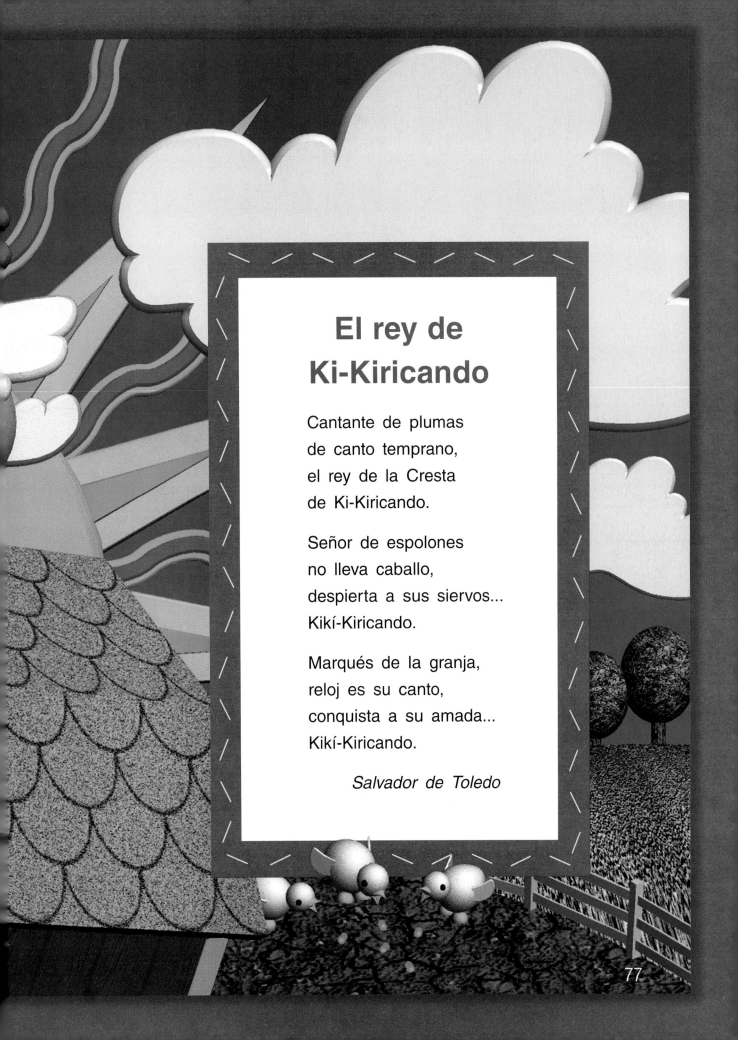

El rey de Ki-Kiricando

Cantante de plumas
de canto temprano,
el rey de la Cresta
de Ki-Kiricando.

Señor de espolones
no lleva caballo,
despierta a sus siervos...
Kikí-Kiricando.

Marqués de la granja,
reloj es su canto,
conquista a su amada...
Kikí-Kiricando.

Salvador de Toledo

Conozcamos a María de la Luz Uribe

María de la Luz Uribe, autora chilena, es conocida por sus cuentos en rima. Aun al hablar de sí misma, usa rima. Como nos dice:

La autora no es gimnástica,
poética ni práctica.
Es sólo un poco rítmica,
humorística y dramática.

Este ritmo, humor y sentido de lo dramático se encuentra en todos los libros de María de la Luz Uribe. Si te gustó "El primer pájaro de Piko-Niko", lee otros cuentos de María de la Luz en su libro *Cuentecillos con mote*.

Conozcamos a Fernando Krahn

Fernando Krahn es también chileno, y se ha dedicado siempre a la ilustración. Es tan famoso, que no sólo lo conocen los niños, sino también los mayores. Durante mucho tiempo trabajó en Nueva York ilustrando para revistas y periódicos, y también haciendo libros para niños. Ahora vive en España, en un pueblecito junto al mar.

EL PRIMER PÁJARO DE PIKO-NIKO

María de la Luz Uribe

Ilustraciones de Fernando Krahn

En la espesa y olorosa
floresta de Piko-Niko
viven bestias, hay insectos;
pájaros nunca se han visto.

Pájaros nunca se han visto,
pero un día, desde el cielo,
cayó algo tibio y liviano:
era un blanco y suave huevo.

Cuando el suave y tibio huevo
tocó el suelo, se hizo añicos.
Y así apareció el primer
pájaro de Piko-Niko.

Pájaro de Piko-Niko
era, pero él no sabía
su nombre, o de qué servía,
y muy solo se sentía.

Muy solo él se sentía.
Se encontró con una piedra,
preguntó: —¿Quién soy? —y oyó
sólo risas por respuesta.

Al oír tan brusca risa
buscó, hasta que encontró
a una hiena que le dijo:
—Otros saben más que yo.

—Otros saben más que yo
—remedó alguien desde arriba—.
Nada sé yo; desde aquí,
lo de abajo está en la cima.

—Por favor, ¿saben quién soy?
—preguntaba a quien veía;
pero algunos se asustaban;
otros lo miraban, se iban.

Pero uno que lo miraba,
un elefante, le habló:
—Amigo, hay un lagarto
que a mí mucho me enseñó.

—Si te enseñó —dijo el pájaro—,
llévame sin más donde él.
Y juntos los dos viajaron
entre el cardo y el laurel.

Los laureles se acabaron
y encontraron al lagarto:
—Lo sé bien, con pies y plumas,
¡indio eres! —dijo en el acto.

—Plumas y pies, ¿pero el arco?
—preguntó un insecto atrás—.
No eres indio. Yo sé de alguien
que es raro como tú, o más.

—Sígueme, es distinto a todos
y conoce a los extraños.
—Ojalá me reconozca
—dijo, siguiéndolo, el pájaro.

Tras el insecto iba el pájaro,
y hasta una cueva llegaron.
—Entra allí —dijo el insecto.
La voz no le salió al pájaro.

Aún la voz no le salía
cuando vio un mirar feroz;
tomó aliento y dijo suave:
—¿Quién eres tú... eh... quién soy yo?

—¿Quién eres tú y quién soy yo?
—dijo un monstruo entre rugidos—.
Yo soy aquél que te empuja,
y tú, ¡tú eres el caído!

—Soy el caído, no hay duda
—dijo el pájaro al caer—;
ahora voy a morir
y esto es lo único que sé.

—Ahora jamás sabré
por qué nací y he vivido,
y moriré sin un nombre
por lo estúpido que he sido.

—¡Pájaro estúpido!, ¿qué haces?
—oyó cuando iba cayendo—.
¡Abre las alas y gira!
¡Vuela, pájaro, en el viento!

Hizo lo que le decían,
voló y voló entre graznidos,
y supo al fin qué y quién era:
el pájaro de Piko-Niko.

Preguntas y actividades

1. ¿Qué problema tiene el pájaro de Piko-Niko?

2. ¿Por qué crees que algunos animales se asustaban al verlo?

3. ¿Por qué crees que es importante saber quiénes somos y de dónde venimos?

4. ¿De qué trata el cuento?

5. ¿En qué se parece el problema del pájaro de Piko-Niko al problema que tuvo Fede?

Escribir una carta

Al Patito Feo le contaron la historia del pájaro de Piko-Niko y, claro, le recordó la suya. El Patito Feo también estuvo triste durante mucho tiempo hasta que supo quién era. Escribe la carta que el Patito Feo le envía al pájaro de Piko-Niko comparando sus vidas.

Dibujar un diagrama de pájaro

Si fueras un pájaro, ¿cuál te gustaría ser? Dibújalo en una cartulina y rotula cada una de sus partes. Debajo escribe cinco características específicas de ese pájaro. Cuélgalo en el salón de clases.

Inventar adivinanzas

Piensa en tu animal favorito. En tu diario, escribe una adivinanza. En cuatro o cinco líneas escribe pistas sobre el animal, pero no escribas su nombre. Lee tu adivinanza a dos compañeros. ¿Adivinaron qué animal escogiste?

Investigar

Busca en un libro de pájaros más datos sobre sus sentidos y resúmelos en cinco tarjetas, una para cada sentido.

101

Leer un mapa

Los pingüinos viven en zonas muy frías. El mapa siguiente muestra los lugares donde viven.

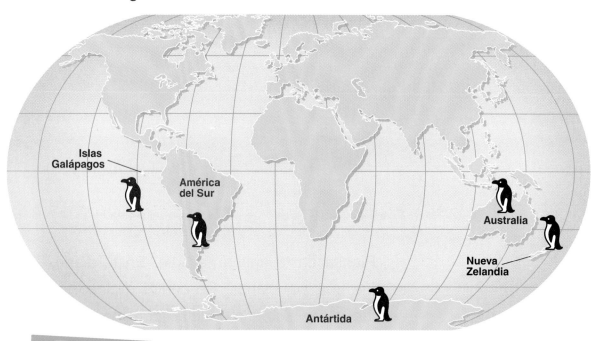

Contesta las siguientes preguntas usando el mapa.

1. ¿Qué representa este mapa?

2. ¿Qué título le pondrías?

3. ¿Te sirve este mapa para aprender datos sobre los pingüinos?

4. ¿Viven pingüinos en el Caribe? ¿Por qué?

5. Localiza tu país en el mapa. ¿Dónde viven los pingüinos más cercanos?

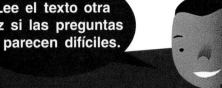

Lee el texto otra vez si las preguntas te parecen difíciles.

INDICACIONES:

Lee el cuento. Luego lee cada una de las preguntas.

MODELO

Querido diario

¡Estoy tan contento! La semana que viene voy a viajar en avión con papá. Siempre quise viajar en avión. Y ni siquiera tengo que esperar a tener diez años. A papá y a mí nos invitaron para la fiesta de setenta años del tío Miguel. Papá quiere que lo conozca porque yo le recuerdo a él. Ha dicho eso desde que nací. Me pregunto si realmente me parezco a él. Vamos a volar de Kansas City a Montana el jueves por la noche. Regresaremos el domingo. Papá dijo que va a comprar los pasajes mañana. Seguiré escribiendo entonces.

1 ¿En qué se diferencia el autor del tío Miguel?

- ○ Al autor le gusta volar.
- ○ El autor no es un adulto.
- ○ Al autor le gustan los cumpleaños.
- ○ Los ojos del tío Miguel son marrones.

2 ¿Qué conclusión puedes sacar del cuento?

- ○ El autor tiene ganas de conocer al tío Miguel.
- ○ El autor está contento porque no irá a la escuela.
- ○ El autor va a comprar los pasajes mañana.
- ○ El tío Miguel es una buena persona.

Mi Tambor

¡Atención! ¡Atención!

¡Todos vamos a marchar
al compás de mi tambor!

¡Tam tam tam, tam tam tam,
tam tam tam, tam tam tam!

¡Listos todos! ¡Adelante!

A marchar con rigor.

¡Tam tam tam, tam tam tam,
tam tam tam, tam tam tam!

*Emma Holguín **Jiménez** y
Conchita Morales Puncel*

Yaci

y su muñeca

cuento popular de Brasil

adaptación de
Concepción Zendrera

ilustraciones de
Gloria Carasusan Ballve

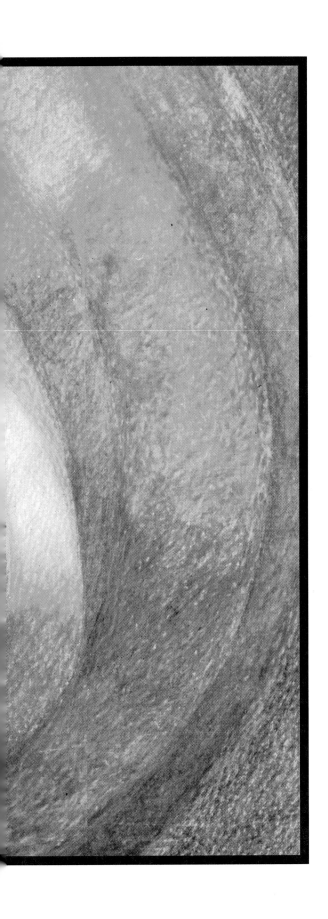

Yaci vivía con sus padres en un poblado llamado Caximbo, dentro de la Gran Selva brasileña.

Yaci tenía una muñeca que no era igual a las demás porque se la había hecho ella misma con una mazorca de maíz, vestida con las hojas de la misma planta que ya estaban algo amarillentas. La muñeca se llamaba Curumín. Yaci la quería tanto, que no la dejaba un momento.

Yaci jugaba mucho con Curumín. La bañaba, la vestía, la mecía en su hamaca y siempre la tenía en brazos. Su madre la llamaba para que le ayudase en las tareas de la casa.

—¡Yaci! ¡Yaci! ¡Ven a ayudarme a barrer y a ordenar la casa!

Pero Yaci estaba tan distraída jugando con su muñeca, que ni la oía.

*U*n día, después de llamarla varias veces, la madre de Yaci se enfadó y le dijo: —Si sigues siendo tan desobediente voy a quitarte esa muñeca.

Sólo lo decía para que la obedeciese, pero Yaci se asustó y decidió esconder a su Curumín. Con su muñeca en brazos, se fue hacia la orilla del río, en donde se bañaba todas las mañanas.

Allí encontró a su amiga la tortuga, que
le preguntó: —¿Qué buscas por aquí, Yaci?

—Un sitio para esconder mi muñeca.

—Eso es fácil —dijo la tortuga—; haz como
yo: escarbo en la arena y escondo mis huevos.

Yaci cavó con sus manitas un agujero igual
al que veía hacer a su amiga la tortuga y dejó

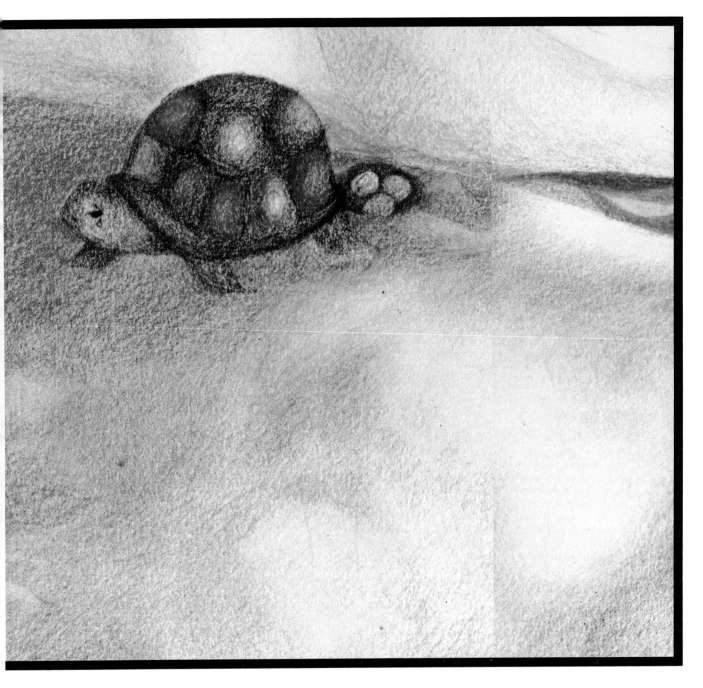

su muñeca bajo la arena caliente. La arena
cubría hasta los hombros a Curumín como una
sábana. La niña disimuló el lugar cubriéndolo
de hojas.

—No te preocupes —dijo la tortuga—,
al mismo tiempo que vigilo mis huevos vigilaré
también tu muñeca.

Y Yaci regresó a su casa.

*L*as grandes lluvias habían llegado.
Llovía sin cesar. Pasó bastante tiempo antes de
que Yaci pudiera salir a buscar a su muñeca.

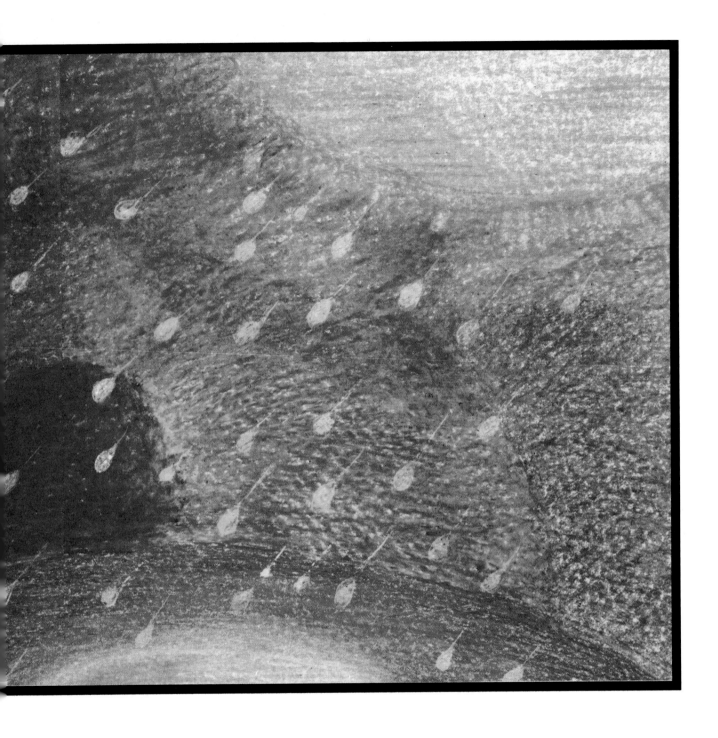

Por fin Yaci pudo ir en busca de su Curumín. Pero había llovido tanto, tanto, la corriente llevaba tanta agua, tanta, que la orilla del río no parecía la misma y Yaci no podía recordar dónde había puesto su muñeca.

Buscó a la tortuga, y por fin la encontró. Tenía varias tortuguitas pequeñas y debía enseñarles a nadar. La tortuga acompañó a Yaci al lugar donde había escondido a la muñeca, pero allí no había más que dos hojitas que subían del suelo como si fuesen dos manos verdes.

Yaci se arrodilló para mirarlas. Estaba a punto de llorar; y la tortuga le dijo: —No llores, Yaci. Estas hojas son tu Curumín. Crecerán y se convertirán en una planta muy alta. Darán muchas mazorcas de maíz. Ven a buscarlas en verano. Encontrarás aquí a tu muñeca.

Llegó el verano, y Yaci volvió a
la orilla del río.

Allí donde había escondido a su
Curumín encontró una hermosa planta

con muchas mazorcas de maíz. Tomó
una, la vistió con las hojas y se hizo una
muñeca que era igual que su Curumín.

Con las mazorcas que quedaron, la mamá de Yaci preparó muchas veces ricas tortitas de maíz.

Conozcamos a Concepción Zendrera

Lo que más le gusta a Concepción Zendrera son los cuentos para niños. Le gusta leerlos, escribirlos y contarlos, pero también le gusta publicarlos. La señora Zendrera trabaja como directora de la sección de libros para niños en una editorial en España.

Empezó a escribir libros cuando su hija estaba aprendiendo a leer. Dice: —Mi hija tardaba en aprender a leer e hice un pequeño diccionario para animarla. Cuando terminé el libro, la niña ya había aprendido a leer.

Después de eso, decidió escribir varios libros de cuentos populares. Había escuchado algunos cuentos que nunca se habían escrito antes. El cuento de "Yaci y su muñeca" es uno de éstos. Ahora ustedes también se lo podrán contar a sus papás y a sus hermanos, y tal vez un día a sus hijos.

123

Preguntas y actividades

1. ¿Por qué Yaci decide esconder la muñeca?

2. ¿Por qué crecieron dos hojitas en el lugar donde Yaci escondió a Curumín?

3. ¿Crees que Yaci es una niña cariñosa? ¿Por qué?

4. ¿De qué trata este cuento?

5. ¿En qué se parece el final de este cuento al final de "Hamamelis, Miosotis y el Señor Sorpresa"?

Escribir un informe

¿En qué se parecen el agua de los ríos y la de los mares? ¿Cómo se diferencian? Escribe un informe comparando estos dos cuerpos de agua.

Experimentar

Haz un cilindro con una cartulina húmeda y métela dentro de un vaso. Coloca tres frijoles rojos, separados entre sí, entre la cartulina y el vaso. Obsérvalos por una semana y anota en tu diario lo que ves.

Hacer una muñeca

¿Cómo harías tú una muñeca con una mazorca de maíz? Piénsalo bien y hazla. Expónla en el salón de clases junto a las de tus compañeros.

Investigar

Hay una región en Estados Unidos que es la mayor productora de maíz de todo el mundo. ¿Qué estados la componen? Busca esta información en una enciclopedia. Pinta en un mapa de Estados Unidos esos estados, todos de un mismo color.

Leer un mapa

Responde a las siguientes preguntas.

1 ¿Cuál es la capital de Brasil?

2 ¿La capital está en la costa?

3 ¿Qué océano baña las costas de Brasil?

4 ¿Qué países tienen frontera con Brasil?

5 ¿Qué países de Sudamérica *no* tienen frontera con Brasil?

Vuelve a leer el cuento para buscar pistas si las preguntas te parecen difíciles.

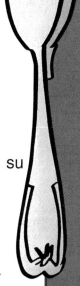

INDICACIONES:

Lee el cuento. Luego lee cada una de las preguntas.

MODELO

Un invitado a cenar

La familia de Juan estaba preparando la cena. Esperaban a un invitado especial.

—Juan, ¿me puedes ayudar, por favor? —le preguntó su mamá.

Juan lavó los platos. Luego puso la mesa. Colocó los tenedores, los cuchillos y las cucharas al lado de los platos. Estaba ansioso por ver a su tío. Él vivía muy lejos, en Japón, y hacía mucho tiempo que Juan no lo veía. Pero tenía buenos recuerdos de las visitas de su tío. Siempre les traía algo interesante del Japón a Juan y a su hermana.

1 Juan está:
- ○ contento con la visita de su tío.
- ○ nervioso porque no sabe poner la mesa.
- ○ listo para ir a la escuela.
- ○ con ganas de cenar.

2 ¿Dónde puso Juan los cubiertos?
- ○ De vuelta en el cajón
- ○ En la pileta
- ○ En el lavaplatos
- ○ Sobre la mesa, al lado de los platos

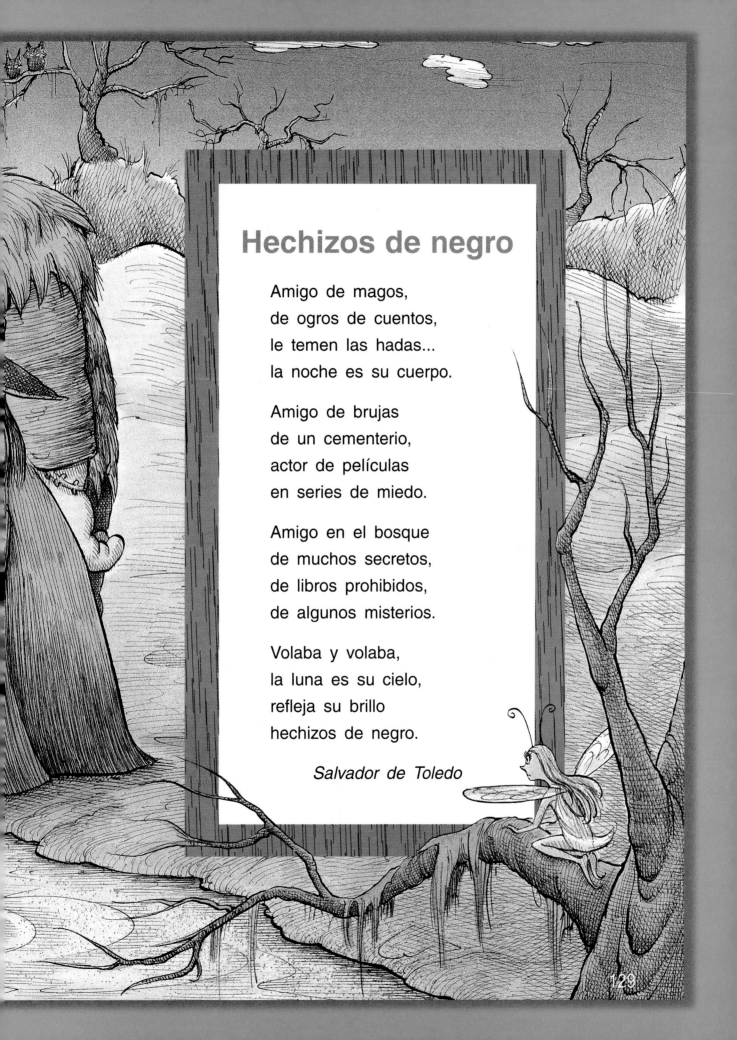

Hechizos de negro

Amigo de magos,
de ogros de cuentos,
le temen las hadas...
la noche es su cuerpo.

Amigo de brujas
de un cementerio,
actor de películas
en series de miedo.

Amigo en el bosque
de muchos secretos,
de libros prohibidos,
de algunos misterios.

Volaba y volaba,
la luna es su cielo,
refleja su brillo
hechizos de negro.

Salvador de Toledo

TIME FOR KIDS

Estos murciélagos viven en Asia

Las alas de la noche

130

¡Los murciélagos ayudan a la gente!

¿Quién le teme al gran murciélago negro?
Aquellos que no saben lo útil que es.

Cae la noche. Oscurece. El viento arrastra las hojas a tu alrededor. ¡De repente, un vampiro se precipita hacia ti!

Ya puedes respirar tranquilo. Se han contado historias de vampiros durante cientos de años. Pero en la vida real, los vampiros casi nunca le hacen daño a las personas. Los mamíferos voladores son unos de nuestros más valiosos aliados.

¿CÓMO NOS AYUDAN?

Los murciélagos ayudan a los agricultores porque comen insectos que destruyen las cosechas. Los 20 millones de murciélagos mexicanos de cola suelta que viven cerca de San Antonio, Texas, comen 250 toneladas de insectos cada noche.

COVER AND RIGHT:MERLIN TUTTLE/PHOTO RESEARCHERS

Este murciélago narigudo está a punto de atrapar un insecto.

131

MURCIÉLAGOS MIEDOSOS

Son los murciélagos quienes deben temer a las personas, y no al contrario. Hay 20 especies de murciélagos en peligro de extinción. Las personas los han quemado en sus cuevas y los han enterrado en minas. "La gente cree que todos los murciélagos son vampiros", dice Thomas Kunz. "Así que matan a todos los que encuentran". Thomas es un experto en murciélagos.

Al menos ya hay personas que están intentando salvarlos.

Hay quien hace refugios para murciélagos en sus jardines.

¿LO SABÍAS?

CURIOSIDADES

◆ En China y Japón se dice que los murciélagos traen buena suerte.

◆ Los murciélagos duermen 20 horas diarias.

◆ Los vampiros sólo atacan a las personas si son molestados.

◆ Hay más de 980 especies de murciélagos en todo el mundo.

◆ El murciélago abejorro es el mamífero más pequeño del mundo. Es del mismo tamaño que una abeja y pesa menos que una moneda de 10 centavos.

◆ Las crías de los murciélagos se llaman cachorros.

132

Mucha gente viene a Texas a ver volar a los murciélagos.

Un grupo llamado *Bat Conservation International* ha construido rejas para cubrir la entrada de algunas cuevas de murciélagos. Estas rejas permiten que estos animales entren pero impiden el paso a las personas, que podrían hacerles daño. Este grupo también enseña a la gente que los murciélagos son beneficiosos.

En Austin, Texas, viven algunos de los mejores amigos de los murciélagos. Sus habitantes están orgullosos del millón de murciélagos que sale de debajo del puente Congress Avenue en cuanto se pone el sol. Estos murciélagos forman la colonia urbana de murciélagos más grande del mundo.

INVESTIGA

Visita nuestra página web:
www.mhschool.com/

CONEXIÓN
*inter***NET**

Preguntas y actividades

1 ¿Cómo ayudan los murciélagos a los agricultores?

2 ¿Por qué deberían temer los murciélagos a las personas?

3 ¿Por qué crees que el *Bat Conservation International* está enseñando a la gente que los murciélagos son buenos?

4 ¿Cuál es la idea principal de esta selección?

5 Compara "El monstruo Graciopeo" con "Las alas de la noche". ¿Qué tienen en común? ¿En qué se diferencian?

Escribir un discurso

Escribe un discurso para ayudar a la gente a no tenerles miedo a los murciélagos. Da información acerca de los murciélagos. Di cómo ayudan los murciélagos a la gente. Algunas de las cosas que se dicen sobre los murciélagos no son verdad. Explica por qué.

Hacer un anuncio

Piensa en otro animal que parezca peligroso pero que no lo sea. Haz un anuncio de este animal. Explica por qué las personas no deben temerle. Incluye un dibujo del animal.

Hacer un móvil

Elige tres o cuatro clases distintas de murciélago. Dibújalos en una cartulina y recórtalos. Únelos a hilos de distintas longitudes y cuélgalos de una percha de alambre.

Investigar

¿Qué clase de murciélagos hay en la parte del país donde vives? Si en el lugar donde vives no hay murciélagos, busca otros animales de la noche como, por ejemplo, búhos o mapaches.

Usar una tabla

	Clase de murciélago	Envergadura	Dónde vive
01	gran murciélago marrón	12 pulgadas	Norteamérica
02	pequeño murciélago marrón	8 pulgadas	Norteamérica
03	zorro volador	5 pulgadas	bosques tropicales de Asia y África
04	vampiro común	12 pulgadas	Centroamérica y Sudamérica

Observa la tabla y responde a las preguntas.

1 ¿Dónde vive el vampiro común?

2 ¿Cuál es el murciélago con mayor envergadura?

3 ¿Qué clases de murciélago viven en Norteamérica?

4 ¿Por qué crees que el zorro volador tiene ese nombre?

PRÁCTICA PARA LA PRUEBA

Cuéntate el cuento a ti mismo con tus propias palabras.

INDICACIONES:

Lee el cuento. Luego lee cada una de las preguntas.

MODELO

Un día en la playa

Luisa y Mariana salieron de un salto del auto. Estaban ansiosas por ver la playa. Era un viaje muy especial para ellas. No habían ido nunca al mar.

Cuando llegaron, Mariana dijo: —¡Me encanta!

La arena estaba caliente. El padre de Luisa se sentó sobre una toalla y abrió un libro. Luisa y Mariana comenzaron a hacer un castillo de arena. El agua fresca les salpicaba los pies. La madre de Luisa las miraba desde abajo de su sombrilla. Después de unas horas, todos estaban cansados. Subieron la loma hasta el auto.

—Vamos a venir otra vez, ¿no? —preguntó Luisa.

1 La arena estaba:
- ○ más fría que el hielo.
- ○ llena de piedras.
- ○ más húmeda que antes.
- ○ más caliente que el agua.

2 ¿Qué conclusión puedes sacar del cuento?
- ○ Es bueno ir a la playa en un día de calor.
- ○ Hay muchas olas y no se puede nadar.
- ○ La playa está llena de gente.
- ○ Hay piedras en el agua.

Mi ciudad

Tengo una ciudad pequeña
que se acuesta junto al río,
con calles de caramelo
y un obelisco dormido.

Dibuja veredas blancas,
tiene trenes, muchos nidos,
algunas plazas con sueño
y un sol que no tiene frío.

Tengo una ciudad pequeña
que se acuesta junto al río,
y en ella todos los chicos
se encuentran y son amigos.

Nidia Morvillo

Pensemos juntos

El congreso de los ratones

Se reunieron los ratones
para librarse del gato
y entre todos decidieron
que ponerle un cascabel
sería lo más sensato.

—¡Muy buena idea! —rió
uno de los más ancianos—.
Pero me pregunto yo,
después de pensar un rato,
¿quién será el bravo ratón que
ponga el cascabel al gato?

Tradicional

142

La bruja Maruja

La bruja Maruja
nació en la burbuja
de blanco jabón.

La bruja Maruja
nació sin escoba,
se fue hacia la alcoba,
se puso a jugar.

Los niños dormían,
la bruja jugaba,
como era invisible
nadie la encontraba.

La bruja Maruja
era encantadora,
se quedó a vivir
en la mecedora.

Los niños reían,
los padres cantaban
y los abuelitos
saltaban, saltaban.

Y es que no era bruja,
ni bruja ni nada,
la bruja Maruja
era sólo un hada.

Gloria Fuertes

143

CONOZCAMOS A CLARA ROSA OTERO

A Clara Rosa Otero siempre le ha gustado escribir, adaptar y dirigir numerosas obras de teatro para niños. Algunas, como "La mata de guayabas", han sido tomadas de la tradición venezolana.

Las aventuras de Tío Tigre y Tío Conejo forman parte de los relatos más populares de Venezuela y el Caribe. Como cuenta Clara Rosa, era su tía Margot la que le contaba los cuentos cuando era niña, y ella a su vez se los ha contado a sus hijos y nietos. Lo bonito de esta obra, y de las demás sobre Tío Tigre y Tío Conejo, es que pueden ser interpretadas igualmente por mayores y por niños. ¿Qué personaje te gustaría ser?

CONOZCAMOS A DIANE PATERSON

Diane Paterson ha ilustrado muchos libros infantiles, como *The Christmas Drum* (El tambor de Navidad) y *Marmee's Surprise* (La sorpresa de Marmee), y también ha escrito algunos cuentos ella misma. Diane vive en el sudoeste de Florida con su marido y un perro muy travieso. Le gustan las orquídeas y navegar en barco por el golfo de México.

LA MATA DE GUAYABAS

Clara Rosa Otero
Ilustraciones de Diane Paterson

Personajes: TÍO TIGRE   TÍA LAPA   TÍO CAIMÁN
TÍO MORROCOY   TÍO CONEJO

ESCENA ÚNICA (En el escenario hay unos matorrales y una mata de guayabas. Entra Tío Tigre cantando.)

TÍO TIGRE: *...Yo soy un tigre feroz,*
más malo mientras más viejo;
siempre con un hambre atroz,
queriendo comer conejo.

Me encantan las guayabas. ¡Me comería todas las guayabas del mundo! Por eso, no dejo que nadie se acerque a mi mata de guayabas. (Señala la mata.)

¡Qué ricas son las guayabas! Pero, son sólo para mí.

(Dirigiéndose a Tía Lapa que acaba de entrar acompañada de Tío Caimán.) ¿Me oyó, señora?

TÍA LAPA: (Temerosa.) Sí, Tío Tigre... como usted diga, Tío Tigre. Siempre se hará lo que usted quiera, Tío Tigre.

TÍO CAIMÁN: ¡Qué tigre tan egoísta! ¿Qué se habrá creído? Voy a tratar de sacarle algunas guayabas.

(A Tío Tigre.) Oiga, Tío Tigre, ¿no me deja comer ni una sola guayaba?

TÍO TIGRE: (Gritando.) ¡No, señor! ¡Ni una! ¡Ni media!

TÍA LAPA: Ojalá le hagan daño.

TÍO TIGRE: ¿Decía usted, señora Lapa?

TÍA LAPA: Que mañana es mi cumpleaños.

TÍO TIGRE: Y eso, ¿qué tiene que ver?

(Ruge y Tía Lapa se esconde asustada mientras entra Tío Morrocoy.)

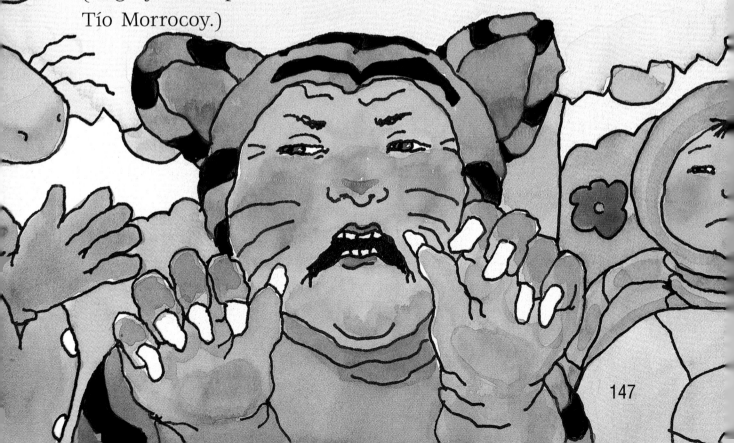

147

TÍO MORROCOY: Lo que soy yo, en cuanto te descuides, Tío Tigre, me como las del suelo.

TÍO TIGRE: Pues primero te como yo a ti que tú mis guayabas.

TÍO MORROCOY: Eso no sería fácil, Tío Tigre. Por algo tengo este caparazón. (A Tía Lapa que se ha asomado.)

Mejor será que nos vayamos. Tío Tigre está más antipático que nunca.

(Salen Tía Lapa y Tío Morrocoy. Tío Caimán los sigue. Tío Tigre los mira irse y luego se acuesta a dormir bajo la mata de guayabas.)

(Entra cantando Tío Conejo.)

TÍO CONEJO: *...Yo vengo de todas partes*
de cerca y de muy lejos;
del Llano y de los Andes
y me llaman Tío Conejo.

Lo oí todo... y si a Tío Tigre le gustan las guayabas, a mí me vuelven loco. Por lo tanto... comeré cuantas quiera, pésele a quien le pesare. Yo sé cómo arreglármelas. (Llamando a Tío Caimán.) ¡Tío Caimán! ¡Tío Caimán!

149

(Entra Tío Caimán.)

TÍO CAIMÁN: ¿Qué tal, compadre?

TÍO CONEJO: Aquí, pues, llevando a cuestas esta vida. Necesito que me ayude.

TÍO CAIMÁN: Diga, que yo lo ayudo.

TÍO CONEJO: Necesito que cuando yo le avise, usted sacuda esa mata de guayabas y luego, se esconda rápidamente.

TÍO CAIMÁN: ¿Y para qué? ¿Se volvió loco, Tío Conejo? ¿No sabe que esa es la mata de guayabas de Tío Tigre? (Susurrando.) ¿Y no ve que está durmiendo allí, justamente?

TÍO CONEJO: Justamente. Vamos a hacerle una jugarreta a Tío Tigre. Y de paso, comeremos algunas guayabas. ¿No le provoca, compadre?

TÍO CAIMÁN: ¿Echarle una broma a Tío Tigre? Claro que me provoca. Y más aún si después podemos comer guayabas. ¡Cuente conmigo!

TÍO CONEJO: Entonces, prepárese para cuando yo le avise. Ya lo sabe. Menee la mata y salga corriendo antes de que Tío Tigre lo vea.

(Observa a Tío Tigre que sigue dormido. Va a dar la orden, pero se detiene porque Tío Tigre se mueve; éste sólo se voltea, dándole la espalda al público, y sigue roncando.)

¡Ahora, Tío Caimán!

(Tío Caimán sacude la mata con fuerza. Ruido de ramas. Caen algunas guayabas. Tío Tigre despierta sobresaltado. Tío Caimán escapa.)

TÍO TIGRE: ¿Qué pasa aquí? ¿Qué ruido es ése? ¿Por qué se caen mis guayabas?

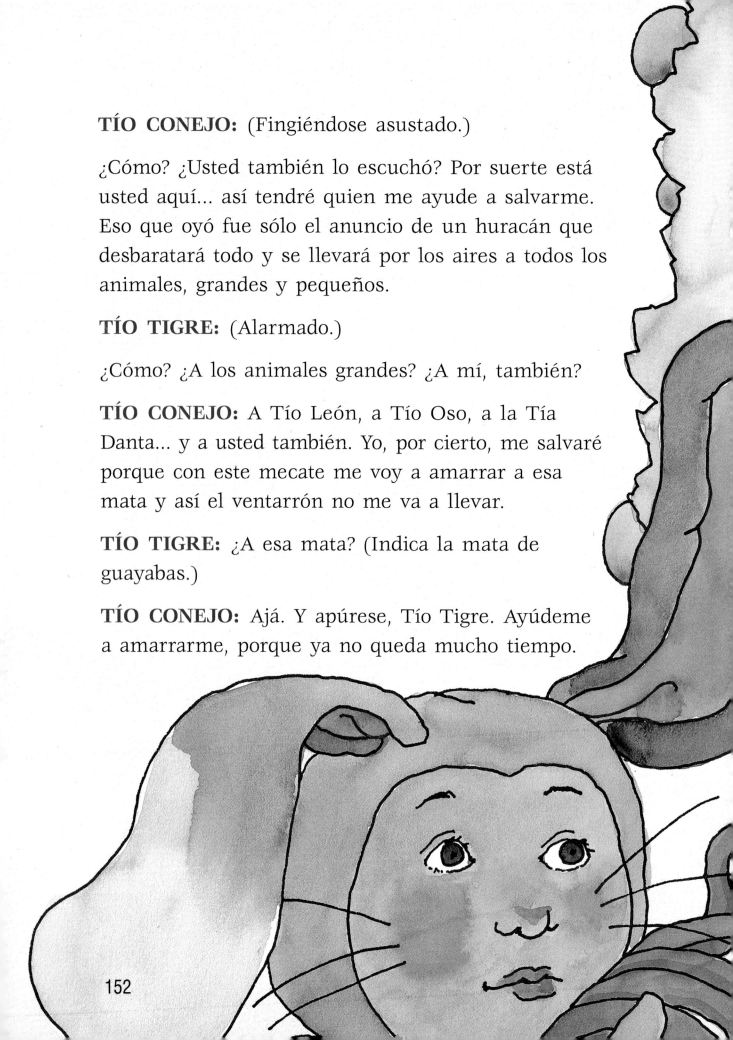

TÍO CONEJO: (Fingiéndose asustado.)

¿Cómo? ¿Usted también lo escuchó? Por suerte está usted aquí... así tendré quien me ayude a salvarme. Eso que oyó fue sólo el anuncio de un huracán que desbaratará todo y se llevará por los aires a todos los animales, grandes y pequeños.

TÍO TIGRE: (Alarmado.)

¿Cómo? ¿A los animales grandes? ¿A mí, también?

TÍO CONEJO: A Tío León, a Tío Oso, a la Tía Danta... y a usted también. Yo, por cierto, me salvaré porque con este mecate me voy a amarrar a esa mata y así el ventarrón no me va a llevar.

TÍO TIGRE: ¿A esa mata? (Indica la mata de guayabas.)

TÍO CONEJO: Ajá. Y apúrese, Tío Tigre. Ayúdeme a amarrarme, porque ya no queda mucho tiempo.

TÍO TIGRE: (Aparte.) ¿Será verdad lo del huracán? De todos modos, tigre prevenido vale por dos. (A Tío Conejo.)

Nada de eso, nada de eso. En todo caso, yo no voy a desaparecer, porque tú me vas a atar a mí.

TÍO CONEJO: Eso no es justo, Tío Tigre. El mecate es mío, la idea es mía...

TÍO TIGRE: Pero la mata es mía. Amárrame, te he dicho. Y ya, si no quieres que te coma antes de que llegue el ventarrón.

TÍO CONEJO: Está bien... no se enoje.

TÍO TIGRE: ¡Apúrate!

TÍO CONEJO: Ya va. Y a mí, ¿quién me ayuda?

TÍO TIGRE: Ya encontrarás a alguien. Por ahora, ¡el que se salva soy yo!

(Tío Conejo ata a Tío Tigre, dándole varias vueltas al mecate.)

TÍO CONEJO: Muévase, Tío Tigre. Haga fuerza para ver si está bien amarrado.

TÍO TIGRE: (Trata de soltarse, pero no puede.)

¡Qué bien! ¡Me amarraste muy bien! No puedo moverme ni un poquitico.

TÍO CONEJO: ¿Está seguro, Tío Tigre?

TÍO TIGRE: Segurísimo.

TÍO CONEJO: Voy a probarlo. (Le hace cosquillas.)

TÍO TIGRE: (Riéndose contra su voluntad.)

Déjame tranquilo. ¡Basta! No me hagas más cosquillas.

TÍO CONEJO: Ahora que estoy seguro de que está bien amarrado, voy a llamar a mis amigos. ¡Tía Lapa! ¡Tío Caimán! ¡Tío Morrocoy!

TÍO TIGRE: ¿A tus amigos? ¿Y para qué los vas a llamar?

TÍO CONEJO: Para comernos las guayabas. ¿Para qué otra cosa iba a ser?

TÍO TIGRE: ¡Conejo tramposo! Ya me las pagarás.

(Van entrando los animales. Recogen las guayabas del suelo y las comen. Otros se empinan para cogerlas del árbol. Tío Tigre está furioso. Ruge y trata de zafarse, pero no puede. Los animales comen felices.)

155

TODOS: (Cantando.)

Entre el tigre y el conejo
hay una gran diferencia:
el uno tiene las garras,
el otro la inteligencia.

Y es por eso que en la historia
de ayer, de hoy, de mañana,
aunque el tigre sea más fuerte
siempre el conejo le gana.

Preguntas y actividades

1 ¿Cómo engañó Tío Conejo a Tío Tigre?

2 ¿Crees que lo hubiera podido engañar contándole que venía el huracán pero sin haberlo amarrado?

3 ¿Por qué crees que la autora eligió como personajes principales a un tigre y a un conejo en vez de, por ejemplo, a un perro y a un gato?

4 ¿De qué trata esta obra de teatro?

5 Compara al tigre de este cuento con el lobo del cuento "Caperucita Roja (tal como se lo contaron a Jorge)".

Escribir una carta

Imagínate que en tu ciudad acaba de pasar un huracán que ocasionó mucha destrucción. Escribe una carta a un amigo contándole lo que pasó. Asegúrate de darle datos sobre el huracán, sobre cómo te protegiste y sobre cómo reparaste los daños.

Diseñar disfraces

¿Cómo vestirías a los distintos personajes de este cuento? Describe los disfraces teniendo en cuenta que, para hacerlos, usarías cosas que hay en tu casa o cosas de muy poco valor.

Demostrar la fuerza del aire

Sostén un popote a diez centímetros de una papa. Con fuerza, trata de clavar el popote en la papa. ¿Qué pasa? Ahora haz lo mismo, pero antes tapa el agujero de arriba del popote con tu pulgar. Verás como ahora la presión del aire dentro del popote lo ayuda a penetrar la papa.

Investigar

¿Qué es un huracán? ¿Cómo se forma? ¿Cuál es la ruta típica de un huracán? Consulta una enciclopedia y contesta estas preguntas.

159

Seguir instrucciones

Instrucciones para armar la máscara de un gato.

1. Consigue una bolsa grande de papel. Corta los agujeros para los ojos en la parte superior.

2. Recorta la forma de una nariz en papel. Corta también dos orejas.

3. Pega la nariz y las orejas en su lugar.

4. Dibuja o pinta los bigotes y la boca en la bolsa.

1. ¿Qué materiales necesitas para hacer la máscara de un gato?

2. ¿Cuál es el último paso en las instrucciones?

3. ¿Podrías hacer el paso tres antes del dos? ¿Por qué?

4. Si quisieras hacer la máscara de un perro, ¿qué cambios harías?

5. Si quisieras hacer la máscara de un gallo, ¿cómo harías el pico?

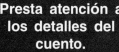

Presta atención a los detalles del cuento.

INDICACIONES:

Lee el cuento. Luego lee cada una de las preguntas.

MODELO

Una casa en un árbol

Teo estaba contento de que fuera sábado. Los sábados venía Eva para trabajar en la casa del árbol. El padre de Teo había escogido un árbol grande del jardín. Teo y Eva compraron madera y clavos. El padre de Teo les enseñó a usar el martillo. Todas las semanas Teo y Eva trabajaban en la casa. Primero hicieron el piso. Luego, las paredes y el techo. La casa ya estaba casi terminada. Eva compró una alfombra. La pusieron sobre el piso. Eva y Teo se sentaron en la alfombra. Estaban orgullosos de su nueva casa. ¡La habían hecho ellos solos!

1 ¿Dónde construyeron Eva y Teo la casa?
○ En la habitación de Teo
○ En el jardín de Eva
○ En el jardín de Teo
○ En el bosque

2 ¿Qué frase resume mejor el cuento?
○ Teo y Eva pusieron una alfombra en la casa.
○ Teo y Eva son hermanos.
○ Teo y Eva hicieron una casa en un árbol.
○ Teo y Eva tuvieron que trabajar mucho.

El sapito
glo, glo, glo...

Nadie sabe dónde vive.
Nadie en la casa lo vio.
Pero todos escuchamos
al sapito: glo, glo, glo...

¿Vivirá en la chimenea?
¿Dónde diablos se escondió?
¿Dónde canta, cuando llueve,
el sapito: glo, glo, glo...?

¿Vive acaso en la azotea?
¿Se ha metido en un rincón?
¿Está abajo de la cama?
¿Vive oculto en una flor?

Nadie sabe dónde vive.
Nadie en la casa lo vio.
Pero todos escuchamos
cuando llueve: glo, glo, glo...

José Sebastián Tallón

Conozcamos a
Zoraida Vásquez y Julieta Montelongo

Zoraida Vásquez nació en Argentina, pero vivió en Mozambique por algunos años y allí oyó éste y muchos otros cuentos. Los abuelos de este país contaban los cuentos para divertir y también para dar consejos a los jóvenes. Cuando Zoraida quiso saber quiénes fueron los autores de estos cuentos, le respondieron que no lo sabían. Los cuentos habían sido transmitidos por los ancianos desde hacía años.

Cuando Zoraida se mudó a México, conoció a Julieta Montelongo. Las dos juntas decidieron escribir en español los cuentos de África.

Conozcamos a
Irma Delgado

Irma Delgado nació en la ciudad de México. Estudió en su país y con el tiempo empezó a ilustrar cuentos infantiles. Sus dibujos en "El naranjo que no daba naranjas" están llenos de colorido. ¿Podrías pintar unas naranjas tan jugosas como las que pintó Irma?

El naranjo que no daba naranjas

Versión de Zoraida Vásquez
y Julieta Montelongo
Ilustraciones de Irma Delgado

Era el tiempo de la seca.
Muome se sentía triste,
porque el naranjo ya no daba
naranjas. Muome se sentaba
a la sombra del árbol y miraba
hacia las ramas. "Si observo
con atención —pensaba— quizá
descubra alguna naranja."

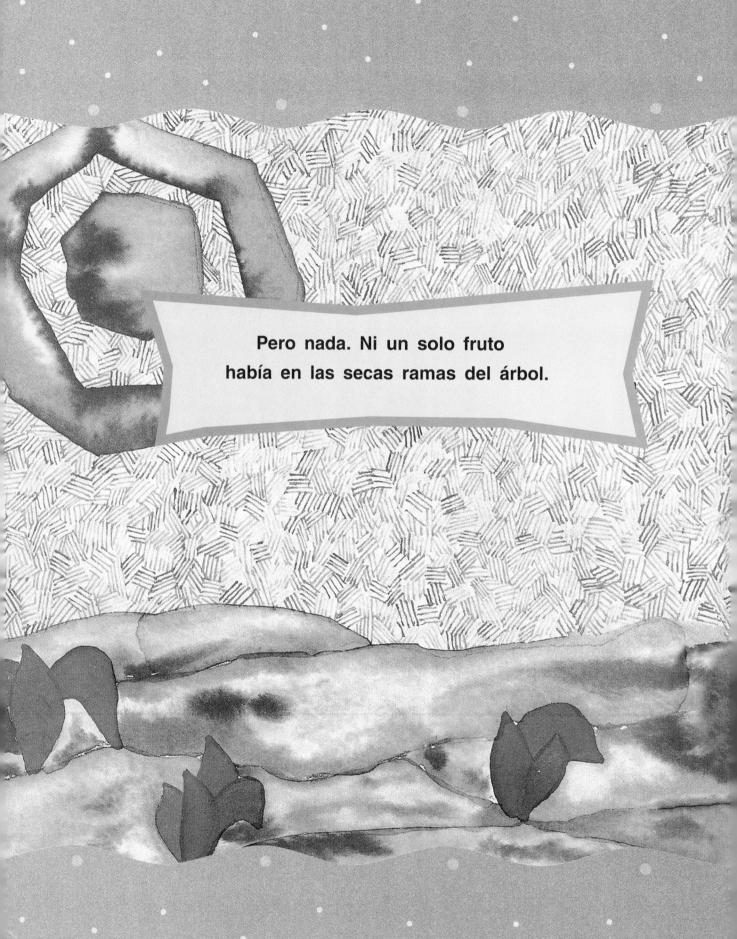

Pero nada. Ni un solo fruto
había en las secas ramas del árbol.

El sol brillaba cada vez con más fuerza. La madera del naranjo crujía y Muome tenía los labios resecos.

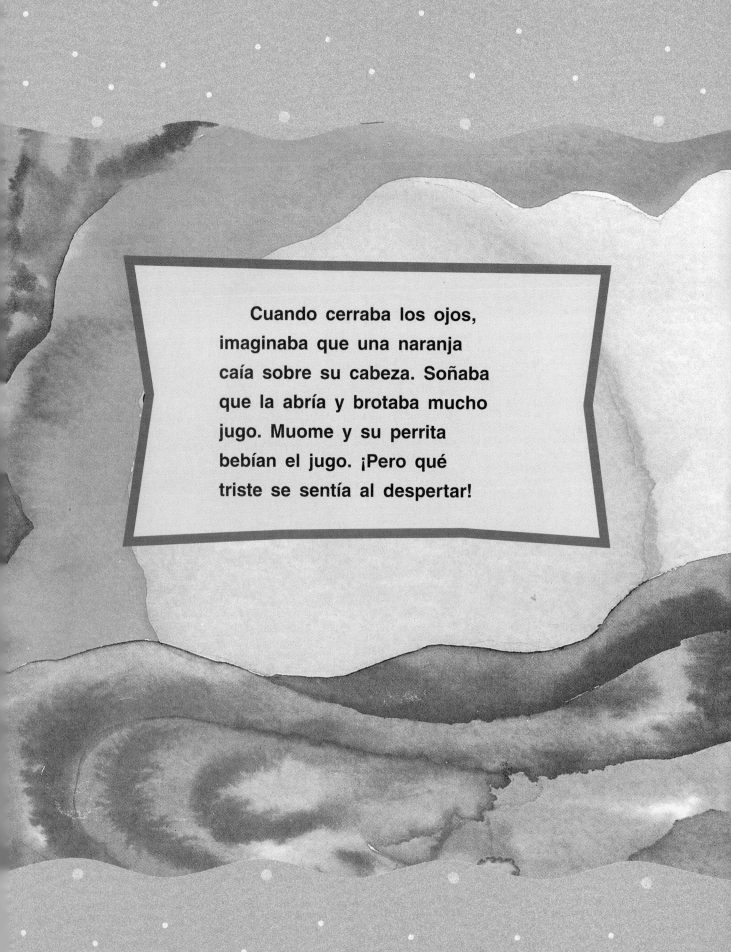

Cuando cerraba los ojos, imaginaba que una naranja caía sobre su cabeza. Soñaba que la abría y brotaba mucho jugo. Muome y su perrita bebían el jugo. ¡Pero qué triste se sentía al despertar!

—¿Cuándo podré comer una naranja? —preguntó Muome a su madre—. Ya he olvidado su sabor.

—¡Yo no sé! —respondió su madre—. Ese árbol no quiere darnos sus frutos.

El padre de Muome, por su
parte, decía impaciente:
—Es tonto tener un naranjo
que no da naranjas.
La familia de Muome tenía un
pozo con suficiente agua,
pero no querían gastarla en
un naranjo que no daba
naranjas.

Un día, Muome se acercó al árbol y le preguntó:

—¿Por qué tienes esa cara?

—Porque no me das agua.

—¿Y cómo te voy a dar agua, si no me das naranjas?

—No te daré naranjas si tú no
me das agua —replicó el árbol.

Muome regresó a su casa.
"Si no le doy agua —meditó—
nunca me dará naranjas.
¿Quién deberá empezar?"
Muome sacó agua del pozo y
regó el naranjo.

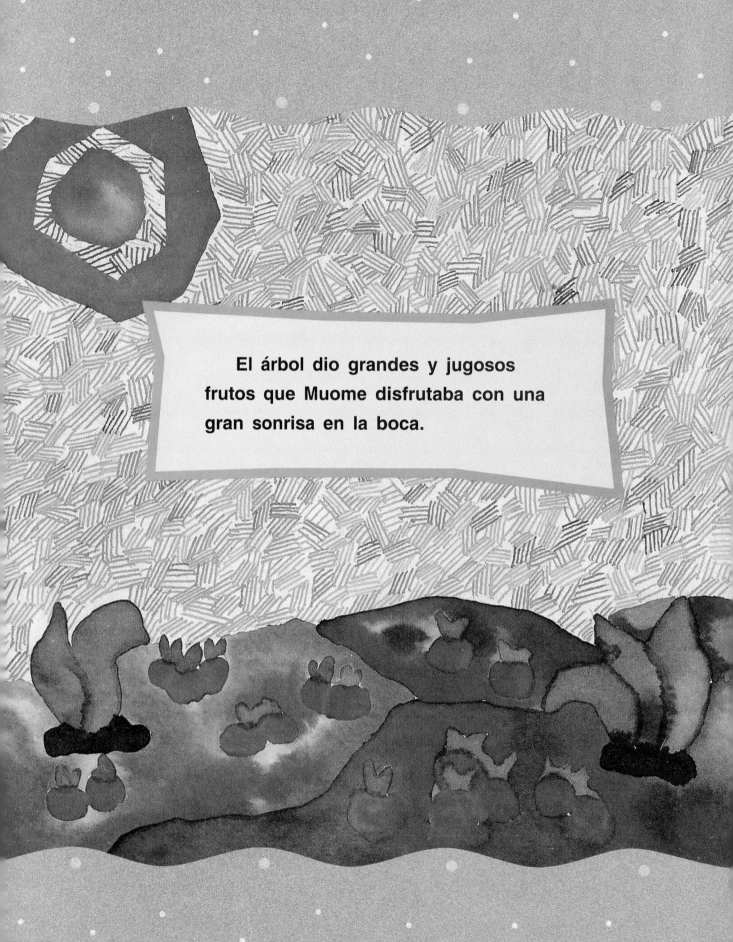

El árbol dio grandes y jugosos
frutos que Muome disfrutaba con una
gran sonrisa en la boca.

183

Preguntas y actividades

1 ¿Qué problema hay entre el naranjo y la familia de Muome?

2 ¿Cómo lo soluciona Muome?

3 ¿Crees que en una situación parecida tú también darías el primer paso? Explica tu respuesta.

4 ¿De qué trata este cuento?

5 ¿Qué podría enseñarle el niño de "Yo soy el durazno" a Muome?

Escribir un artículo

¿Por qué las plantas necesitan agua para vivir? Escribe un artículo que explique la función del agua en las plantas, por dónde la absorben y cómo llega hasta las hojas.

Demostrar que las plantas necesitan luz

Las plantas no sólo necesitan agua. También necesitan de la luz del sol. Corta dos pedazos de cartulina negra. Pon un pedazo encima de una hoja de una planta, y el otro pedazo debajo de la hoja. Pega los dos pedazos con cinta adhesiva. Así no le llegará la luz del sol a la hoja. Espera una semana y destapa la hoja. ¿Cómo se ve? ¿Por qué?

Hacer una tabla

Haz una tabla con diez nombres de frutas, el nombre del árbol del que proviene y un dibujo que la represente. ¿Cuántas columnas tiene la tabla?

Investigar

La naranja es un fruto cítrico. ¿Qué otras frutas son cítricas? ¿En qué se parecen estas frutas? Busca en una enciclopedia las respuestas.

Leer un boletín

Fútbol al día

El boletín futbolístico de Maputo   octubre, 2000

El equipo infantil de Maputo visita Moscú

por: Néstor Almendros

Este agosto pasado, los chicos del equipo infantil de Maputo fueron a Rusia como protagonistas de un suceso muy especial. Jugaron en el primer partido de una nueva liga infantil.

En algunas cosas, la inauguración se pareció a las de aquí, con desfiles, banderas y padres muy orgullosos. Sin embargo, hubo una diferencia esencial. En Moscú hace mucho más frío que en Maputo. Mozambique se encuentra entre el Ecuador y el Trópico de Capricornio; pero Rusia está cerca del Polo Norte.

El tiempo fue lo único frío. Los habitantes de Moscú recibieron calurosamente a los chicos de Mozambique. Tenían muchas ganas de conocerlos.

Pregunta a un experto: Teresa Sil

Querida Teresa:

Pregunta: ¿Qué edad hay que tener para jugar en los mundiales?
Olivia Pérez, 10 años. Macon, Georgia.

Respuesta: No creo que tengas que tener una edad determinada para jugar en los mundiales. Sólo tienes que jugar lo bastante bien para poder formar parte del equipo nacional.

Yo tenía 24 años cuando participé en uno. Y la primera vez que jugué a nivel nacional tenía 22. Varias personas me dijeron que ya era demasiado mayor. Pero no les hice caso. Yo nunca me rindo.
    Teresa Sil
    Delantero
    Equipo nacional de fútbol de Mozambique

Lee el boletín y contesta las siguientes preguntas.

1 ¿Cuál es el nombre de este boletín?

2 La firma es el nombre de la persona que escribió el artículo. ¿Quién escribió este artículo?

3 ¿Cuál es el título de este artículo?

4 ¿Qué diferencia se menciona entre Moscú y Maputo?

5 ¿Por qué crees que a Teresa Sil la consideran una experta en fútbol?

Hazte las preguntas usando tus propias palabras.

INDICACIONES:

Lee el cuento. Luego lee cada una de las preguntas.

MODELO

Una visita sorpresa

Elsa terminó la tarea. Su padre estaba lavando los platos. Su madre se había ido a cenar y volvería pronto.

—¿Puedo ayudarte con los platos? —le preguntó Elsa a su padre. Entonces sonó el timbre. El padre de Elsa se dirigió a la puerta.

—¿Quién es? —preguntó.

—¡Es una sorpresa. Abran la puerta! —dijo una voz desde afuera. El padre de Elsa abrió la puerta. ¡Eran la madre y la abuela de Elsa!

—¡Sorpresa! —exclamó la abuela mientras Elsa iba corriendo a abrazarla.

1 ¿Qué frase resume mejor el cuento?
- ○ Elsa tiene una fiesta de cumpleaños sorpresa.
- ○ Elsa y su papá cenan juntos.
- ○ Elsa recibe una visita sorpresa.
- ○ La abuela de Elsa se muda a otro lugar.

2 ¿Qué pasa cuando el padre de Elsa abre la puerta?
- ○ Elsa ve a una vecina.
- ○ Elsa ve a su abuela.
- ○ Elsa corre a esconderse.
- ○ El padre de Elsa ve a su hermano.

Las primitas

Las primitas van de prisa
caminando hacia la plaza,
compran lo que necesitan
y regresan a su casa.

Un plátano, dos manzanas,
papitas y tres naranjas;
muy de prisa caminando
regresan pronto a su casa.

Anónimo

189

LA SORPRESA DE LOS MIÉRCOLES

Eve Bunting

A mí me encantan las sorpresas. Pero la que Abuelita y yo estamos planeando para el cumpleaños de Papá es la mejor de todas.

ilustraciones de Donald Carrick

Trabajamos los miércoles por la noche. Los miércoles, Mamá trabaja hasta tarde en la oficina y mi hermano, Sam, se va a jugar básquetbol en la YMCA. Ese día, Abuelita toma el autobús desde el otro lado del pueblo y viene a estar conmigo.

Yo me paro frente a la ventana para ver cuándo llega y mientras tanto soplo en el vidrio para hacer dibujos con el vaho. Apenas la veo le digo a mi hermano: —¡Sam! ¡Ya llegó!— y él me contesta que puedo bajar la larga escalera para esperarla en la puerta.

—¡Abuelita! —le digo.

—¡**A**na! —Viene ella, jadeante, y trae una gran bolsa de tela que le roza las piernas.

Cuando nos vemos, nos abrazamos. Ella me dice cuánto he crecido desde la semana pasada y yo le digo cuánto ha crecido ella también. Es un chiste que compartimos. Entre las dos subimos la pesada bolsa.

Le enseño el dibujo que hice con el vaho, si es que todavía se puede ver. Casi siempre sabe lo que es. Casi siempre ella es la única que lo sabe.

Los miércoles por la noche comemos perros calientes.

—¿Qué sabes de tu papá? —Abuelita le pregunta a Sam.

—Regresa el sábado, como siempre —dice Sam—. A tiempo para su cumpleaños.

—¿Su cumpleaños?— Abuelita levanta las cejas, como si se le hubiera olvidado por completo. ¡Qué buena actriz es Abuelita!

Cuando Sam se va, ella y yo lavamos los platos. Entonces nos ponemos a trabajar.

Me siento a su lado en el sofá y Abuelita saca de la bolsa el primer libro. Lo leemos juntas, en voz alta, y cuando lo terminamos leemos el siguiente.

Leemos por una hora, comemos helados y después leemos un poco más.

Abuelita me da otro abrazo:
—¡Sólo siete años y ya todo
un cerebro!

Eso me hace sentir bien. Digo
yo entonces: —¡Qué sorpresa se
van a llevar el sábado!

Cuando regresa Sam, jugamos
a las cartas y cuando regresa
Mamá, ella también juega.

—¿Vas a venir a cenar el día
del cumpleaños? —le pregunta
Mamá a Abuelita cuando ésta ya
se va.

—Ah, sí, el cumpleaños —dice
Abuelita medio indiferente, como
si se le hubiera olvidado otra vez.
Como si no hubiéramos estado
preparando nuestra sorpresa
especial semana tras semana.
Abuelita se las sabe todas.

—Sí, cómo no —le contesta.

Sam acompaña a Abuelita a la parada del autobús. Cuando bajan la escalera, oigo a Sam que le dice: —Abuelita, ¿qué tienes en esa bolsa? ¿Piedras?

Yo me sonrío.

Mi papá llega el sábado por la mañana y nosotros corremos a recibirlo con un "feliz cumpleaños". Le trae a Sam una revista de básquetbol y a mí, una piedrecita pulida y moteada como un huevo, para mi colección de rocas.

—La encontré en el desierto, medio cubierta de arena, al pie de la parada de camiones —me dice.

Me quedo con la piedra en las manos y me imagino que siento en ella el cálido sol del desierto. ¿Cuánto tiempo estuvo allí? ¿Qué clase de roca es?

Papá ha parado a cortar flores silvestres para Mamá. Como se están marchitando, Mamá corre a ponerlas en agua. Entonces Papá se acuesta porque ha manejado toda la noche.

Mientras Papá duerme, Sam y yo colgamos decoraciones rojas y azules en la sala. Le ayudamos a Mamá a poner el azucarado en el pastel. Hemos cocinado lomo de carne, el plato preferido de Papá, y nuestros regalos están envueltos.

Yo espero a Abuelita y la ayudo a subir la bolsa. ¡Uf! ¡Sam debería llevarla para saber lo pesada que está ahora! Abuelita ha traído una tonelada de libros. Escondemos la bolsa detrás del sofá. Estoy enferma de los puros nervios.

Abuelita casi siempre se sirve otra vez pero esta noche no. Ni yo tampoco. Me doy cuenta de que Mamá cree que el lomo no está bueno, pero Abuelita le dice que está muy sabroso.

—¿Te sientes bien, Mamá? —le pregunta Papá a Abuelita—. ¿Cómo andan las rodillas?

Papá apaga las velitas del pastel y le damos los regalos. Entonces, Abuelita me echa una mirada y yo saco la bolsa y la arrastro hasta la mesa. La dejo en el suelo entre las dos.

—¿Otro regalo? —pregunta Papá.

—Es una sorpresa para tu cumpleaños, Papá, que te tenemos Abuelita y yo.

El corazón me da aletazos terribles cuando abro la bolsa y le doy el primer libro a Abuelita. El título es *Rositas de maíz*. Le aprieto la mano a Abuelita y ella se levanta y empieza a leer.

Mamá y Papá y Sam se quedan pasmados.

Papá salta y dice: —¿Qué es esto?— pero Mamá lo hace callarse y sentarse de nuevo.

Abuelita tiene la palabra. Termina *Rositas de maíz*, que le toma un buen rato, y me da el libro, con la cara radiante.

—¡Ay, madre querida! —Mamá también está radiante—. ¿Cuándo sucedió esta maravilla? ¿Cuándo aprendiste a leer?

—Ana me enseñó —le contestó Abuelita.

—Los miércoles por la noche —añadí yo—. Y se llevaba los libros para practicar en su casa.

—Siempre me andabas diciendo que fuera a alguna clase —le dice Abuelita a Papá. Luego, mirando a Mamá: —Y tú me decías: "Tienes que aprender a leer". Pues aprendí con Ana.

Yo me río de pura emoción.

Abuelita lee y dramatiza *El
cerdito de Pascua*. Y *El conejito
de terciopelo*.

—Es mucho mejor aprender a
leer cuando uno es joven —le dice
a Sam con aire serio—. Puedes
perder la oportunidad con
el pasar de los años.

Sam se resiente: —Pero yo sé
leer, Abuelita.

—Como sea. —Abuelita saca otro libro.

—¿Vas a leer todo lo que hay en la bolsa, Mamá? —le pregunta Papá. Tiene una sonrisa de oreja a oreja, pero también tiene los ojos llenos de lágrimas y él y Mamá se han tomado de las manos por encima de la mesa.

—Tal vez lea todo lo que hay en el mundo ahora que he empezado —dice Abuelita con orgullo—. Tengo tiempo. —Y me guiña un ojo.

—Bien, Ana, ¿qué te parece? ¿Fue una buena sorpresa?

Yo corro a su lado y ella pega su mejilla a la mía.

—La mejor —le digo.

Conozcamos a
EVE BUNTING

Eve Bunting explica cómo se le ocurrió la idea para "La sorpresa de los miércoles" de esta manera: —Una amiga me sacó a cenar y empezó a hablar de cómo le había enseñado a leer en inglés a su madre, Katina, usando libros ilustrados. Todos los días había traído libros a su casa de la escuela o de la biblioteca, y ellas los leían juntas.

Añade: —"La sorpresa de los miércoles" es mi libro pero es la historia de Katina.

A la Srta. Bunting le encantan las ilustraciones de Donald Carrick. Le preguntó si la cocina de "La sorpresa de los miércoles" era como la suya. Él le dijo: —Sí. Siempre hay una parte de mi casa en mis libros.

Conozcamos a
DONALD CARRICK

Donald Carrick empezó a dibujar cuando era niño y siguió dibujando por el resto de su vida. Su primer trabajo fue pintar letreros y anuncios. Más tarde hizo dibujos para anuncios en periódicos y revistas. Su esposa, Carol, escribió el primer libro para niños que él ilustró, *The Old Barn*. Después de eso, Donald Carrick ilustró más de ochenta libros. Algunos de los más populares son sobre un niño llamado Christopher y sus dos perros. Otros dos libros conocidos son sobre un niño llamado Patrick quien se imagina que hay dinosaurios en todos lados.

Preguntas y actividades

1. ¿Qué sorpresa han preparado Ana y Abuelita para Papá?

2. ¿Por qué llora Papá en la fiesta de cumpleaños?

3. ¿Cómo se siente Ana antes de que Abuelita empiece a leer? ¿Cómo se siente después?

4. ¿Cuál es la idea principal de este cuento?

5. Compara el regalo que Ana y Abuelita le hacen a Papá con los regalos que el Señor Sorpresa les deja a Hamamelis y a Miosotis.

Escribir una guía de ayuda para lectores principiantes

¿Qué harías para enseñar a alguien a leer? ¿Qué libros le recomendarías? ¿Por qué serían apropiados esos libros para enseñar a leer? Escribe varios ejemplos sobre lo importante que es leer en la vida cotidiana.

216

Hacer un calendario

Ana quería saber cuánto tiempo tardarían ella y Abuelita en preparar su sorpresa. Por eso hizo un calendario. Haz un calendario tú mismo. Marca fechas importantes como, por ejemplo, fiestas, cumpleaños y vacaciones.

Hacer un forro para un libro

Los libros tienen mucha importancia para Ana y Abuelita. Haz un forro para proteger tu libro favorito. Envuelve tu libro con bolsas de papel de color marrón o con hojas grandes de papel. Dibuja una escena del libro en la parte de adelante. En la parte de atrás escribe: "Este libro pertenece a" y pon tu nombre detrás.

Investigar

Los cumpleaños son días muy especiales. ¿Qué otros días especiales celebras con tu familia? Elige un día festivo e investiga acerca de él. Escribe una postal a un amigo y cuéntale por qué es tan especial ese día.

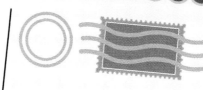

Para:
Mi amigo
especial

Usar un calendario

Supón que Ana y Abuelita van a usar este calendario para planear su sorpresa. Cada día que pasa, Ana lo marca con una X.

Marzo

Dom	Lun	Mar	Mié	Jue	Vie	Sáb
				1 X	2 X	3 X
4 X	5 X	6 X	7 practicar la lectura	8 X	9 X	10 X
11 X	12 X	13 X	14 practicar la lectura	15 X	16 X	17 X
18	19 comprar libros nuevos	20	21 practicar la lectura	22	23	24
25	26	27	28 practicar la lectura	29	30 hacer el pastel	31 Fiesta para Papá

1 ¿Cuándo comprarán los libros nuevos Ana y Abuelita?

2 ¿Cuántas prácticas de lectura han tenido en total Ana y Abuelita?

3 ¿Cuántas prácticas de lectura les quedan por hacer?

4 ¿Cuántos días quedan para la fiesta de Papá?

5 Imagina que Ana y Abuelita quisieran enviar invitaciones por correo. ¿Qué día crees que deberían enviarlas? Si las enviaran ese día, ¿cuántos días quedarían para la fiesta?

218

Lee cada una de las respuestas antes de escoger la adecuada.

INDICACIONES:

Lee el cuento. Luego lee cada una de las preguntas.

MODELO

Un viaje de la clase de ciencias

Nuestra clase hizo un viaje a la playa para estudiar la costa marina. Íbamos a trabajar en parejas. El Sr. Sánchez nos dio una lista de cosas para hacer. Nos dijo que apuntáramos nuestras observaciones.

1. Busquen tres caracoles diferentes. ¿Cuáles son sus diferencias?

2. Observen la arena con cuidado. ¿Qué apariencia tiene? ¿Es suave o dura?

3. Observen las algas. ¿Cómo son? ¿Qué otras plantas hay en la playa?

1 ¿Qué deben hacer los estudiantes primero?
- ○ Observar las plantas
- ○ Buscar tres caracoles diferentes
- ○ Observar la arena
- ○ Buscar diez caracoles diferentes

2 ¿Qué frase resume mejor el cuento?
- ○ La clase del Sr. Sánchez observó varias cosas en la playa.
- ○ La arena es dura.
- ○ La clase del Sr. Sánchez fue al museo.
- ○ En la playa trabajamos en parejas.

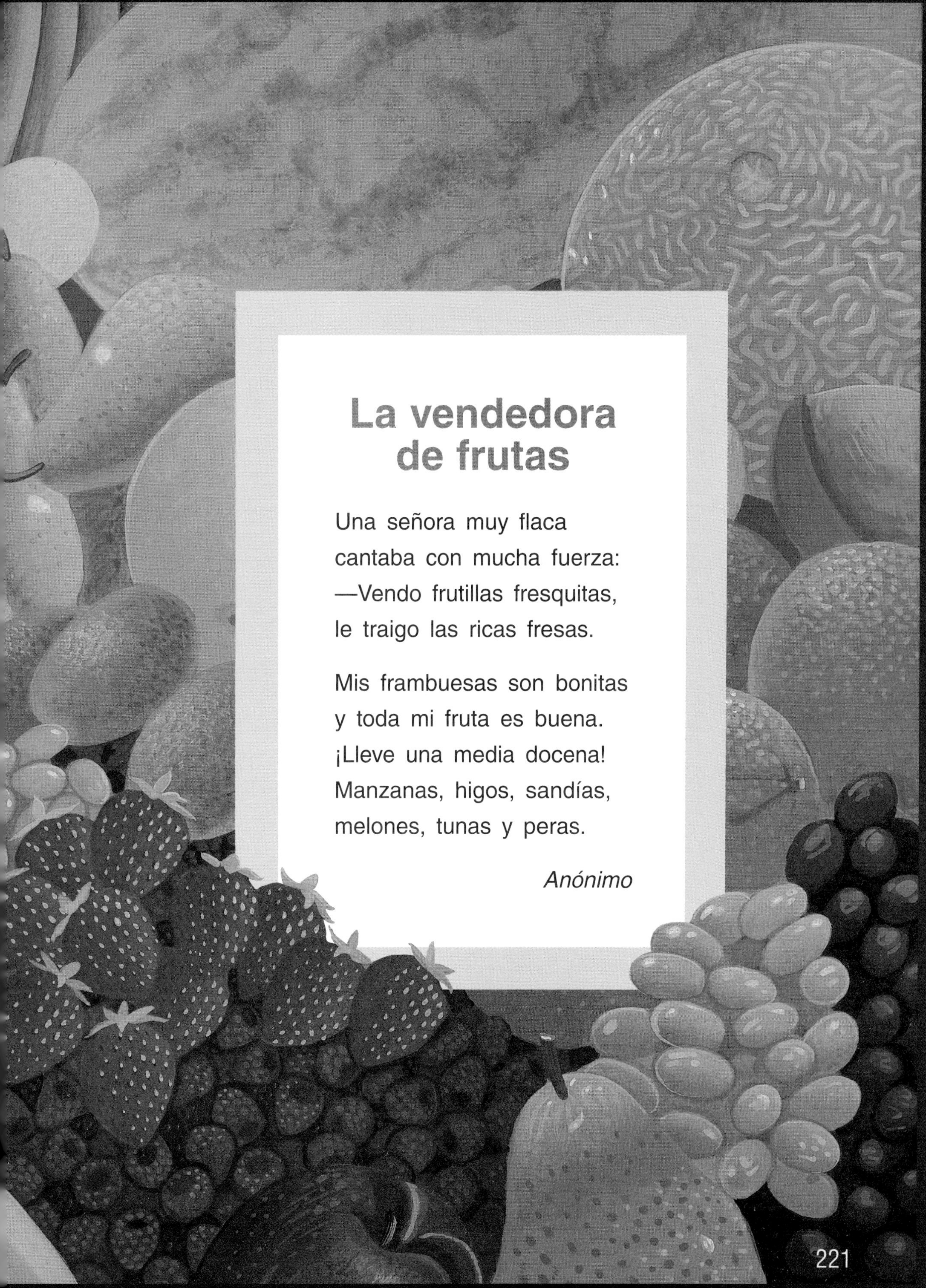

La vendedora
de frutas

Una señora muy flaca
cantaba con mucha fuerza:
—Vendo frutillas fresquitas,
le traigo las ricas fresas.

Mis frambuesas son bonitas
y toda mi fruta es buena.
¡Lleve una media docena!
Manzanas, higos, sandías,
melones, tunas y peras.

Anónimo

Conozcamos a Aliki

Desde que era niña, Aliki supo que quería ser artista. Después de trabajar mucho, consiguió empezar a escribir e ilustrar sus propios libros. Su marido, que se llama Franz, también escribe libros, y Aliki ha ilustrado muchos de sus cuentos. Desde que empezó a escribir y dibujar, Aliki ha publicado más de 50 libros, y ha ilustrado muchos otros cuentos escritos por distintos autores.

Aliki ha hecho cuentos de todo tipo. Ha contado historias fantásticas e imaginarias, pero también ha explorado el mundo real, como en "Los fósiles nos hablan del pasado". Como ella dice, al escribir sobre los fósiles, aprende a la vez que escribe, y de esa manera satisface su curiosidad.

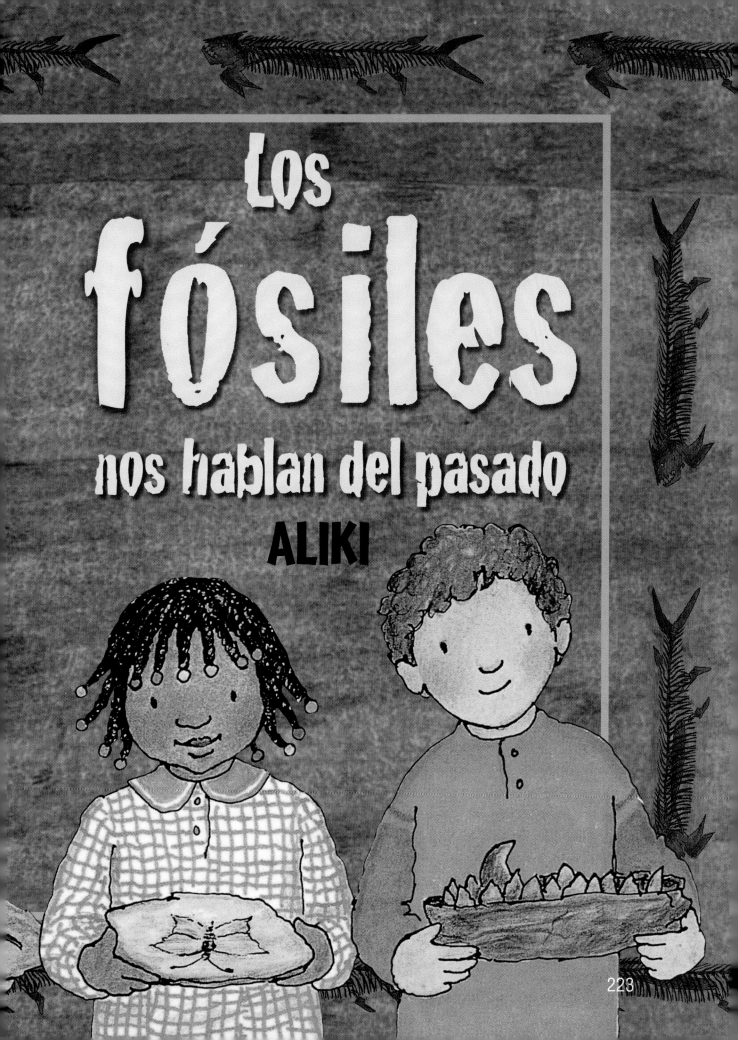

Los fósiles

nos hablan del pasado

ALIKI

Hace mucho tiempo, un pez muy grande
nadaba por el mar cuando se topó con un pez
más pequeño que él.

El pez grande estaba tan hambriento que se
tragó entero al pequeño.

El pez grande murió y, poco a poco, se hundió en el fondo del mar. Esto ocurrió hace noventa millones de años. ¿Cómo lo sabemos?

Pues lo sabemos porque el pez se convirtió
en piedra. El pez se transformó en fósil. Una
planta o un animal convertido en piedra se
llama fósil.

Los científicos pueden decirnos lo antiguas
que son las piedras. También sabrían decirnos
la edad del pez fosilizado.

¿Cómo se convirtió el pez en fósil?

La mayoría de los animales y las plantas, cuando mueren, no se convierten en fósiles. Algunos seres se descomponen.

Otros se secan, se deshacen y se los lleva el viento. De ellos no queda nada. Esto podría haberle pasado al pez enorme y nunca hubiéramos sabido que existió. Pero el pez se convirtió en fósil. Verás cómo ocurrió.

Cuando el pez grande murió, se hundió en el fondo del mar. Poco a poco, se descompusieron las partes blandas de su cuerpo. Quedaron sólo las duras espinas. También se conservaron las espinas del pez que se había comido. El esqueleto del pez quedó enterrado y protegido por el lodo.

Pasaron miles de años. Más capas de lodo cubrieron los restos del pez. Toneladas y más toneladas de lodo se amontonaron encima. Después de mucho tiempo, la superficie de la Tierra cambió. El mar donde el pez estaba enterrado, se secó.

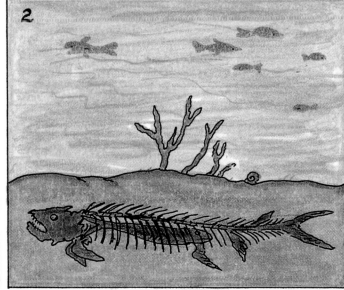

El peso de las capas de lodo ejercía una gran presión. Poco a poco, el lodo se convirtió en piedra. A la vez, las aguas subterráneas se filtraron a través de las capas de lodo.

Los minerales se disolvieron en el agua. El agua penetró en todos los diminutos agujeros de las espinas del pez.

Los minerales del agua se quedaron en las espinas del pez. Con los años, las espinas se convirtieron en piedra. El pez ya era un fósil.

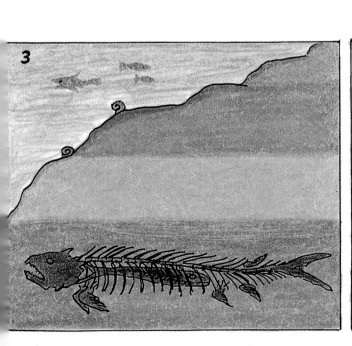

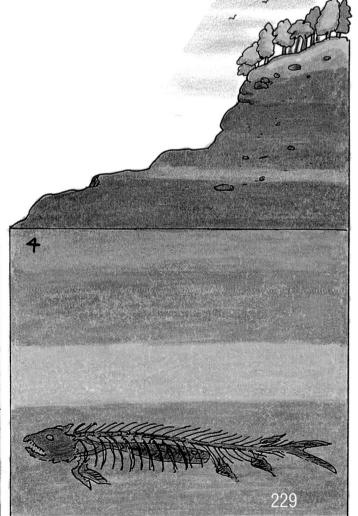

Algunos fósiles, como el pez, son realmente partes de plantas o animales transformados en piedra. Otras veces, un fósil es sólo la huella de una planta o un animal.

Hace millones de años, una hoja se desprendió de un helecho y cayó sobre el pantanoso suelo de la selva, llamado turba. La hoja se pudrió. Pero dejó su forma marcada en la turba. La turba que contenía la huella se endureció. Se convirtió en una roca llamada carbón. El carbón también es un fósil.

¡Es el iguanodón!

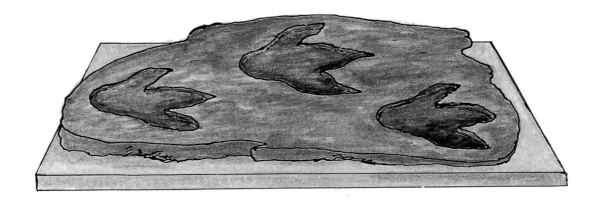

Aquí ves huellas de dinosaurio. Fueron dejadas en el barro hace 115 millones de años.

La arena cubrió estas huellas de dinosaurio. La arena se endureció hasta formar una roca llamada arenisca. Millones de años después, los buscadores de fósiles hicieron excavaciones y encontraron las huellas fosilizadas: las pisadas exactas de las patas del dinosaurio.

Los fósiles nos hablan del pasado. Los fósiles nos cuentan que donde antes hubo selvas, ahora hay desiertos.

Los fósiles nos cuentan que donde hubo mares, ahora hay montañas. Muchas zonas que hoy son frías, fueron cálidas en otro tiempo. Se han hallado fósiles de plantas tropicales en lugares muy fríos.

Los fósiles nos hablan de criaturas extrañas que vivieron en la Tierra hace mucho tiempo. Esas criaturas ya no existen. Han desaparecido todas. Nosotros decimos que se extinguieron.

Los científicos encuentran y desentierran algunos fósiles; otros fósiles se descubren por casualidad. Tú también puedes encontrar un fósil, si te fijas bien. Cuando veas una piedra, obsérvala con atención. Podría ser un fósil de algo que vivió en tiempos remotos.

235

¿Te gustaría hacer un fósil? No un fósil de un millón de años, sino uno que sólo tenga un minuto. Deja la huella de tu mano en una base de barro.

La huella revela cómo es tu mano, del mismo modo que la huella de un dinosaurio nos muestra cómo era su pata.

Imagínate que, una vez seca, entierras la huella de tu mano. Y que pasa un millón de años y alguien la descubre. Tu huella estará tan dura como la piedra. Será un fósil de tu mano. La huella explicará algo sobre ti a quien la encuentre. También explicará algo sobre la vida en la Tierra un millón de años atrás.

Cada vez que alguien halla un fósil, aprendemos más sobre la vida del pasado en la Tierra.

Me pregunto cómo será la gente dentro de un millón de años.

Tal vez algún día encuentres un fósil que tenga millones y millones de años.

Y quizás descubras algo que nadie sabe todavía.

¿Ya encontraste algo?

Preguntas y actividades

1 ¿Qué es un fósil?

2 ¿Ha cambiado mucho la tierra desde los tiempos en que vivieron los dinosaurios?

3 ¿Para qué les sirven los fósiles a los científicos?

4 ¿Cuál es la idea principal de esta selección?

5 ¿Dónde crees que Yaci hubiera encontrado fósiles?

Escribe un discurso

¿Qué pasaría si tú encontraras un fósil? Escribe un discurso. Cuenta la importancia de tu gran descubrimiento. ¿De qué está hecho tu fósil? ¿Qué hay en tu fósil? ¿Cómo se convirtió en fósil? ¿Qué más puedes aprender de tu fósil?

Hacer un fósil

Haz una impresión de tu mano en arcilla. Aplasta la arcilla. Presiona tu mano sobre la arcilla y luego quítala. Escribe tu nombre y la fecha de hoy debajo de tu impresión. Deja reposar la arcilla durante varios días hasta que se endurezca, antes de mover tu fósil.

Crear un mural

Los fósiles nos hablan de las plantas y animales que vivieron en un lugar determinado. ¿Qué clases de plantas y animales viven en tu comunidad? Haz el borrador de un mural en el que aparezcan algunas de estas plantas y animales. No te olvides de titular tu mural y de firmar en una esquina.

Investigar

Los dinosaurios poblaron la tierra mucho antes de que lo hiciéramos las personas. Algunos comían plantas; otros cazaban animales más pequeños. Algunos dinosaurios eran voladores. Busca más información acerca de los dinosaurios. Elige un tipo de dinosaurio e investiga sobre él. Escribe una lista de datos sobre tu dinosaurio. ¿En qué época vivió? ¿De qué se alimentaba? ¿Qué tamaño tenía?

Interpretar rótulos

Los fósiles nos hablan de los animales y las plantas del pasado. Hay exposiciones de fósiles en algunos museos. Aquí se ve la entrada de un museo de ciencias.

1 ¿En qué piso se encuentran los fósiles?

2 ¿Dónde está la tienda?

3 ¿Dónde irías a preguntar si quisieras encontrar algo?

4 ¿Qué quiere decir la señal que está al lado de las cuerdas?

5 ¿Crees que la exposición de dinosaurios está en el mismo piso que la entrada? ¿Por qué?

242

Verifica tu comprensión del cuento a medida que lo leas.

INDICACIONES:

Lee el cuento. Luego lee cada una de las preguntas.

MODELO

Un regalo para papá

Flor y su mamá fueron a comprar un regalo. Entraron en la tienda. Pidieron ayuda a un vendedor, que les mostró una lista de lo que había en cada piso.

	Piso
Ropa de hombre	3
Calzado de hombre	3
Ropa de niños	2
Ropa de niñas	2
Ropa de mujer	1
Calzado de mujer	1

Flor y su mamá fueron al tercer piso. A Flor le gustó una corbata roja. La compró, la puso en una caja y la envolvió. Escribió una tarjeta para su papá y la puso encima. Al día siguiente le dio el regalo. Al papá le gustó tanto la corbata que la usó ese mismo día.

1 ¿Qué frase resume mejor el cuento?

○ Flor va a comprar un regalo.

○ A Flor y a su mamá les gusta ir de compras.

○ Flor compró una caja.

○ A Flor le gusta el rojo.

2 ¿Qué hicieron Flor y su mamá primero?

○ Pidieron ayuda.

○ Compraron la corbata.

○ Compraron zapatos.

○ Flor escribió una tarjeta.

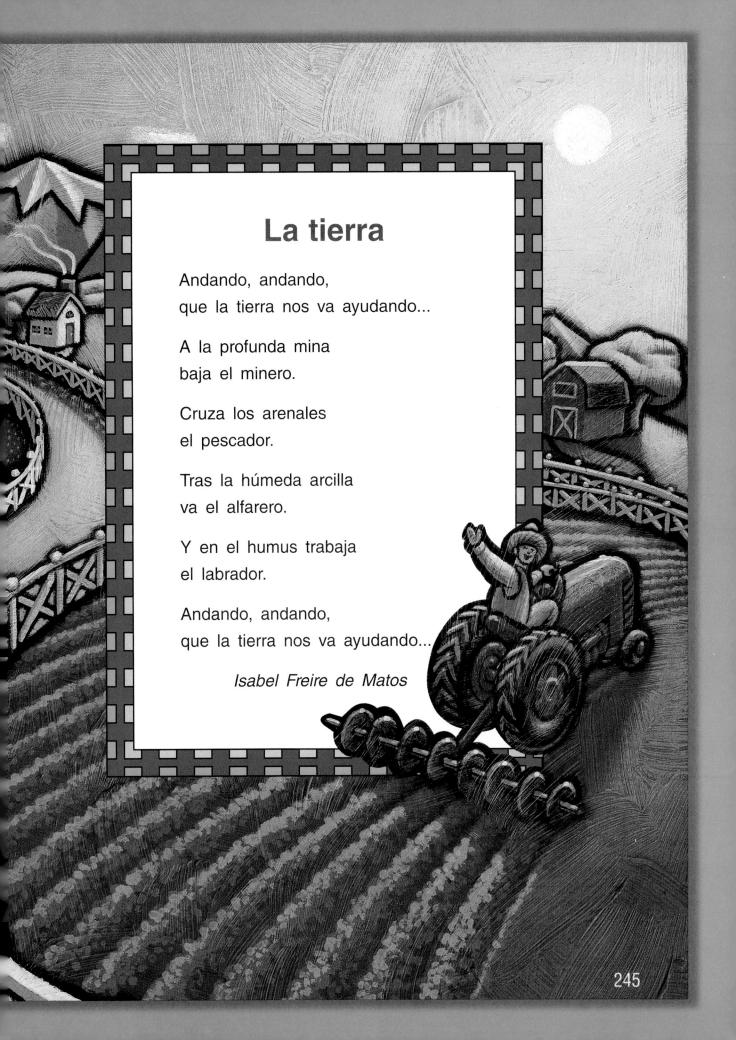

La tierra

Andando, andando,
que la tierra nos va ayudando...

A la profunda mina
baja el minero.

Cruza los arenales
el pescador.

Tras la húmeda arcilla
va el alfarero.

Y en el humus trabaja
el labrador.

Andando, andando,
que la tierra nos va ayudando...

Isabel Freire de Matos

245

TIME
FOR KIDS

¿Te gustan los fósiles?

Esta libélula tiene millones de años

246

El niño de los fósiles

Este muchacho lleva excavando desde los ocho años de edad.

A los ocho años de edad, Sam Girouard fue a Alabama a visitar a su abuela. Durante esa visita, él y su abuela descubrieron algo sorprendente. Encontraron todo tipo de fósiles. "Eran de helechos, plantas y cosas por el estilo. Aún tengo todos esos fósiles", dice Sam. Aquellos fósiles cambiaron su vida para siempre.

Sam ya es un adolescente. También es científico. Él sabe mucho acerca de los fósiles. Los fósiles son restos de plantas y animales que vivieron hace mucho tiempo y que con el paso del tiempo se convirtieron en piedra.

El diente de un tiranosaurio rex es más grande que la mano de un niño.

Sam Girouard busca fósiles cerca de su casa, en el estado de Washington.

247

Fósiles de un helecho, un pájaro y un pez

Sam se pasa horas y horas excavando en busca de fósiles. Un día encontró varios trocitos de hueso. Sam sabía que había encontrado algo importante. Así que se pasó el día a cuatro patas buscando más trocitos. Recogió todos los que encontró y luego los pegó. Esos trozos resultaron ser un diente de dinosaurio. ¡Los dinosaurios vivieron hace millones de años!

Sam también ha encontrado otros tipos de fósiles. Ha encontrado un hueso de mastodonte americano. Se le hicieron pruebas y se demostró que tenía más de cuatro millones de años. ¡Es el hueso de mastodonte americano más antiguo que se conoce!

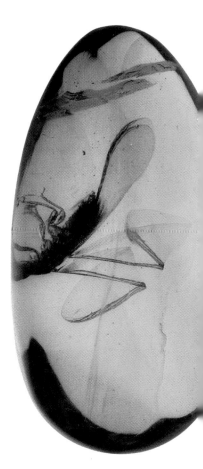

Una termita envuelta en ámbar, resina pegajosa que se endurece con el tiempo.

248

Sam también encontró el fósil de una gota de lluvia. Es él único fósil de este tipo encontrado en el estado de Washington. Además, ha encontrado un ala de mosca que vivió hace millones de años.

Cuando Sam encuentra un fósil poco común, escribe un artículo en una revista. Esta revista la leen muchos científicos. A veces los científicos adultos se sorprenden al saber que Sam es sólo un muchacho. Sam dice que si muchos científicos supieran que es tan joven, no tomarían su trabajo en serio.

"Primero quiero que se den cuenta de que hago trabajo científico. Luego se pueden enterar de mi edad", dice Sam.

¿LO SABÍAS? INFORMACIÓN SOBRE FÓSILES

◆ Los fósiles de nidos de reptil más antiguos que se conocen están en Arizona. Estos nidos tienen 220 millones de años. Aquellos reptiles eran primos de nuestros cocodrilos y tortugas.

◆ Hay fósiles en todos los estados, así que tienes mucho suelo donde buscar. Pero los fósiles representan una parte muy pequeña de los animales y plantas que poblaron la Tierra.

◆ Los científicos estudian los fósiles para aprender sobre todas las plantas y animales que han vivido en nuestro planeta.

◆ Los fósiles más antiguos tienen 3,500 millones de años.

INVESTIGA
Visita nuestra página web:
www.mhschool.com/

CONEXIÓN
interNET

Basado en un artículo de *TIME FOR KIDS*

Preguntas y actividades

1 ¿Qué fósiles de animales y plantas encontró Sam?

2 ¿Por qué es tan especial el hueso de mastodonte americano que encontró Sam?

3 ¿Por qué quiere Sam que la gente lea su trabajo antes de saber su edad?

4 ¿Cuál es la idea principal de esta selección?

5 Sam Girouard y la abuelita de "La sorpresa de los miércoles" han hecho grandes logros. ¿Con qué palabras describirías tanto a Sam como a la abuelita?

Escribir un informe

Algunas personas no saben mucho acerca de los fósiles. Escribe un artículo de periódico que les ayude a conocerlos mejor. Explica qué son los fósiles. Incluye en tu artículo algunos de los fósiles que haya encontrado Sam. Indica los lugares y la manera en que Sam encontró sus fósiles.

250

Buscar fósiles

Imagínate que eres un científico de fósiles del futuro. Acabas de hacer un descubrimiento fantástico acerca de la vida en la Tierra alrededor del año 2000. ¿Qué encontrarías? Escribe un breve artículo de revista acerca de tu descubrimiento.

Hacer una impresión

Las hojas también se transforman en fósiles. Reúne varias hojas distintas. Luego haz impresiones para mostrar cómo hubieran sido los fósiles de estas hojas. Sigue los pasos siguientes:

1. Pon la hoja sobre tu mesa de manera que veas la parte delantera.
2. Cubre la hoja con papel de calco.
3. Frota suavemente el papel con un lápiz blando.

Investigar

Sam encontró un hueso de mastodonte americano. Busca más información acerca de los mastodontes. ¿Cuándo vivieron? Dibuja un mastodonte y haz una lista con tres datos sobre este animal.

Leer un anuncio

Observa el anuncio y contesta las preguntas.

1 ¿Qué te dice el anuncio?

2 ¿Por qué tiene dibujos?

3 ¿Por qué crees que el anuncio asegura que Paul Perkins es un experto en fósiles?

4 ¿Crees que el anuncio prueba que los superyacimientos son tan buenos como dicen? Explica tu respuesta.

Las instrucciones te indican qué hacer.

INDICACIONES:

Lee las instrucciones. Luego contesta las preguntas.

MODELO

Cómo hacer un títere de mano

Primero lee las instrucciones. Vas a necesitar:

Un calcetín viejo
Tres botones
Un rotulador rojo
Lana, pegamento y tijeras

Ponte el calcetín en la mano. Abre y cierra la mano. La boca del títere va a estar donde los dedos tocan la palma. Traza una línea alrededor de la boca. Marca dos puntos arriba de la boca. Van a ser los ojos del títere. Pega un botón en cada punto. Marca otro punto para la nariz. Pega aquí el tercer botón. Corta veinte trozos de lana. Van a ser el pelo del títere.

Pega trozos de lana en la parte de arriba del calcetín.

Espera una hora hasta que se seque el pegamento.

1 ¿Qué debes hacer después de trazar la boca del títere?
- ○ Pegar los botones
- ○ Ponerte el calcetín en la mano
- ○ Buscar un calcetín
- ○ Leer las instrucciones

2 ¿Qué debes hacer después de pegar los trozos de lana?
- ○ Esperar que se seque el pegamento
- ○ Marcar los ojos
- ○ Leer las instrucciones
- ○ Abrir y cerrrar la mano

Adivina, adivinador

1 Blanca por dentro,
verde por fuera,
si quieres que te lo
diga, espera.

2 Cuando me siento,
me estiro.
Cuando me paro,
me encojo.
Entro al fuego y no
me quemo, entro al
agua y no me mojo.

3 En alto vive
en alto mora,
en alto teje
la tejedora.

4 ¿Cuál es de los animales aquel que tiene en su nombre todas las cinco vocales?

ZOOLÓGICO

aeiou

5 Un platito de avellanas que de día se recogen y de noche se derraman.

Respuestas: La pera, la sombra, la araña, el murciélago y las estrellas.

Punto de partida

El capitán

Madre, ya tengo mi barco
y tengo tripulación:
velero de cuatro palos,
marineros de cartón.

Mañana por la mañana,
cuando se levante el sol,
me iré, mandando en mi barca
mi brava tripulación.

Prepara, madre, mi gorra,
¡mi gorra de capitán!
Que la blusa marinera
la abandoné junto al mar.

Ricardo E. Pose

257

Mi madre

Mi madre es la luna
dormida en el cielo,
entre blancas nubes
y ángeles de sueño.

Mi madre es el agua
de azules reflejos
que pasa cantando
bajo el limonero.

Mi madre es la rosa
en manos del viento,
aroma de siglos,
sílaba de cuento.

Mi madre es el alba
sobre el jazminero.
Me nace en la frente
la flor de su beso.

Ricardo Trigueros de León

Conozcamos a Adela Turin

Adela Turin nació en Milán, Italia. Estudió Historia del Arte y se especializó en Arqueología Industrial y Diseño Industrial y se dedicó a estas materias hasta mediados de los años 70. En 1972 funda la editorial *Dalla parte delle bambine* (A favor de las niñas). Desde esa fecha ha publicado casi cincuenta libros infantiles que han sido traducidos a nueve idiomas. Pero lo que los hace más peculiares es que todos ellos buscan la igualdad entre los hombres y las mujeres.

Conozcamos a Nella Bosnia

Nella Bosnia nació en Milán, Italia, ciudad donde estudió Bellas Artes y reside desde 1968. Luego de finalizar sus estudios trabajó como diseñadora textil. Se acerca al mundo de la ilustración de libros infantiles a través del libro "Rosa caramelo". Le seguirían *Arturo y Clementina* y *La verdadera historia de los bonobos con gafas*, entre otros. A partir de entonces, la colaboración con Adela Turin ha sido constante, además de trabajar también para editoriales españolas y francesas. En 1996 ganó el premio Andersen como mejor ilustradora.

Rosa caramelo

Adela Turin
Ilustraciones de Nella Bosnia

H abía una vez en el país de los elefantes
una manada en que las elefantas eran suaves
como el terciopelo,

tenían los ojos grandes y brillantes,
y la piel de color rosa caramelo.

Todo esto se debía a que, desde el mismo
día de su nacimiento, las elefantas sólo comían
anémonas y peonías. Y no era que les gustaran
estas flores: las anémonas —y todavía peor
las peonías— tienen un sabor malísimo.
Pero, eso sí, dan una piel suave
y rosada y unos ojos grandes y brillantes.

Las anémonas y las peonías crecían
en un jardincillo vallado. Las elefantitas vivían allí
y se pasaban el día jugando entre ellas
y comiendo flores.

267

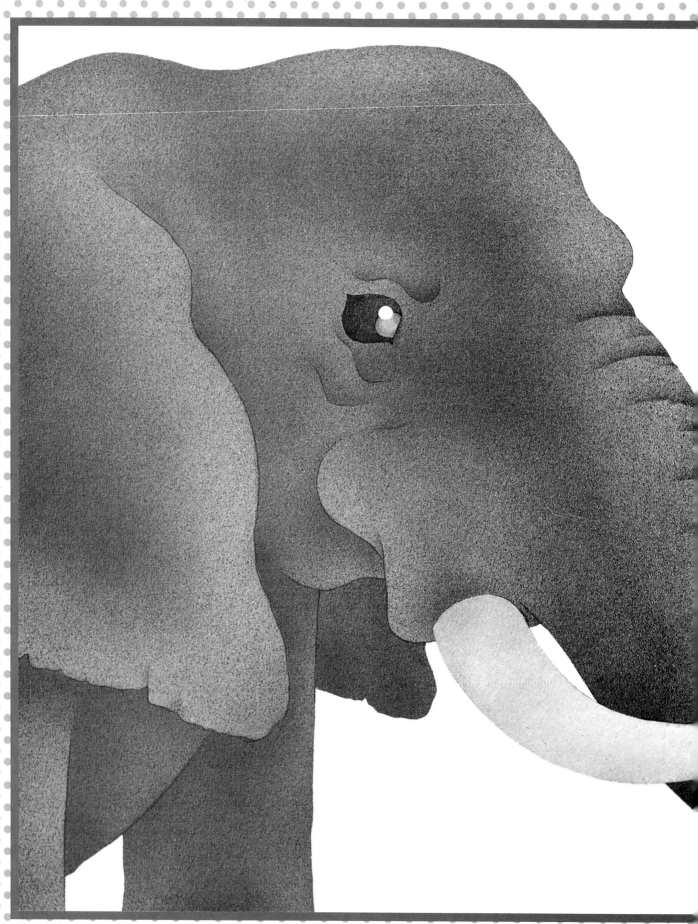

—Pequeñas —decían sus papás—,
tienen que comerse todas las peonías
y no dejar ni una sola anémona,
o no se volverán tan suaves
y tan rosas como sus mamás,
ni tendrán los ojos tan grandes
y brillantes, y, cuando sean mayores,
ningún guapo elefante querrá casarse
con ustedes.

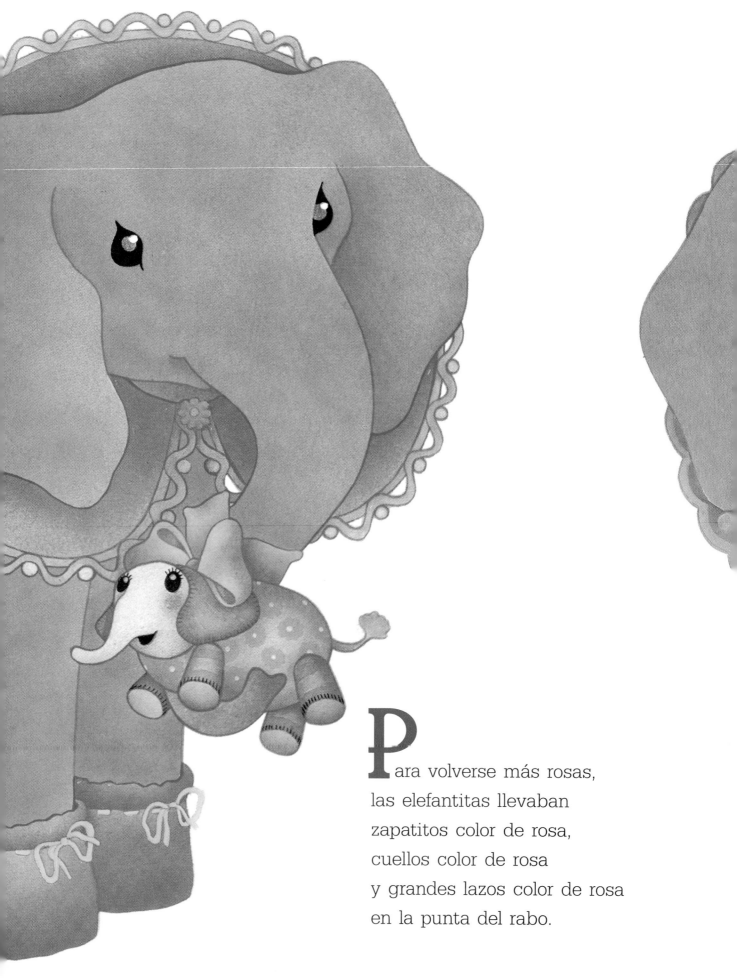

Para volverse más rosas,
las elefantitas llevaban
zapatitos color de rosa,
cuellos color de rosa
y grandes lazos color de rosa
en la punta del rabo.

Desde su jardincito vallado, las elefantitas
veían a sus hermanos y a sus primos,
todos de un hermoso color gris elefante,
que jugaban por la sabana, comían hierba verde,
se duchaban en el río, se revolcaban en el lodo
y hacían la siesta debajo de los árboles.

Sólo Margarita, entre todas las pequeñas
elefantas, no se volvía ni un poquito rosa,
por más anémonas y peonías que comiera.
Esto ponía muy triste a mamá elefanta
y hacía enfadar a papá elefante.

—Veamos, Margarita —le decían—,
¿por qué sigues con ese horrible color gris,
que sienta tan mal a una elefantita?
¿Es que no te esfuerzas? ¿Es que eres una niña rebelde?
¡Mucho cuidado, Margarita, porque si sigues así
no llegarás a ser nunca una hermosa elefanta!

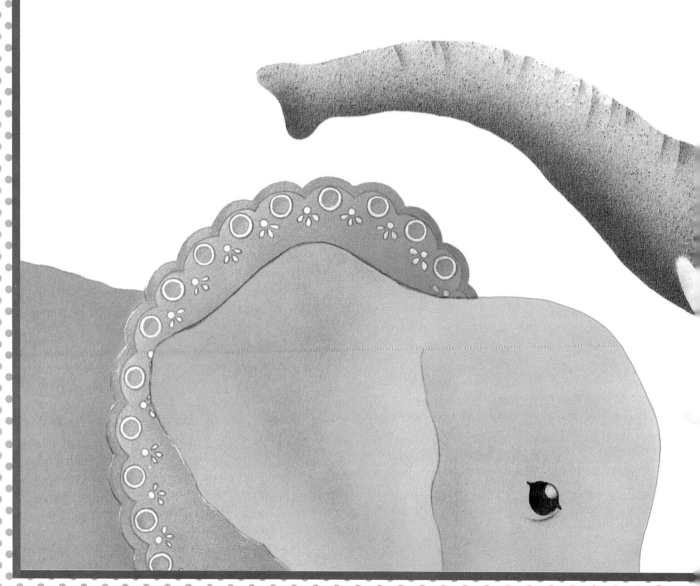

Y Margarita, cada vez más gris,
mordisqueaba unas cuantas anémonas y unas pocas
peonías para que sus papás estuvieran contentos.

Pero pasó el tiempo,
y Margarita no se volvió de color
de rosa. Su papá y su mamá perdieron
poco a poco la esperanza de verla
convertida en una elefanta guapa y suave,
de ojos grandes y brillantes.
Y decidieron dejarla en paz.

Y un buen día, Margarita, feliz,
salió del jardincito vallado. Se quitó los zapatitos,
el cuello y el lazo color de rosa.
Y se fue a jugar sobre la hierba alta,
entre los árboles de frutos exquisitos
y en los charcos de barro.

Las otras elefantitas la miraban
desde su jardín.

El primer día, aterradas.

El segundo día, con desaprobación.

El tercer día, perplejas.

Y el cuarto día, muertas de envidia.

Al quinto día, las elefantitas más valientes
empezaron a salir una tras otra del vallado.
Y los zapatitos, los cuellos
y los bonitos lazos rosas quedaron
entre las peonías y las anémonas.

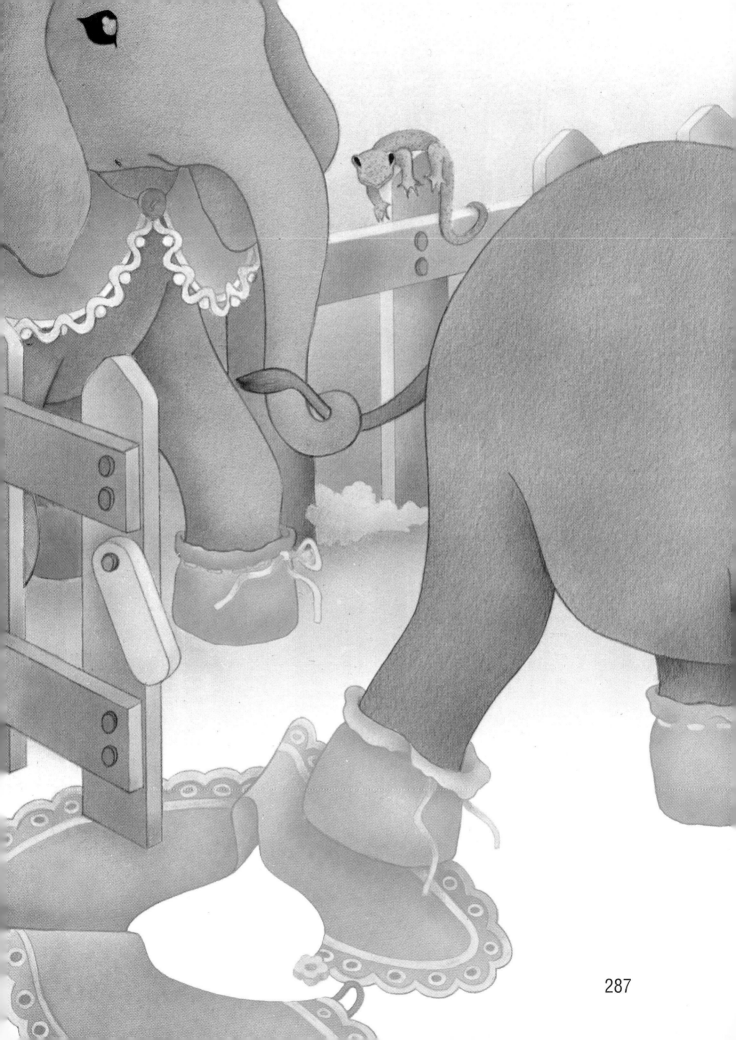

Después de haber jugado en la hierba,
de haber probado los riquísimos frutos y de haber
dormido a la sombra de los grandes árboles,
ni una sola elefantita quiso volver nunca jamás
a llevar zapatitos, ni a comer peonías o anémonas,
ni a vivir dentro de un jardín vallado.

Y desde aquel entonces, viendo jugar
a los pequeños elefantes de la manada, es imposible
saber por el color quiénes son elefantes
y quiénes son elefantas.

Preguntas y actividades

1. ¿Qué tenían que comer todas las elefantas para tener la piel de color rosa caramelo?

2. ¿En qué se diferenciaban los elefantes y las elefantas de este cuento?

3. Si fueras una elefanta, ¿te gustaría vivir así? ¿Por qué?

4. ¿Cuál es la idea principal de este cuento?

5. ¿En qué se parece Margarita a la abuelita de "La sorpresa de los miércoles"?

Escribir en un diario

Imagínate que eres Margarita. Escribe la entrada en tu diario del día que saliste del jardín vallado. ¿Por qué decidiste hacerlo? ¿Tuviste miedo? ¿Qué fue lo primero que hiciste al salir?

Comparar usando una tabla

¿Qué diferencias hay entre un elefante africano y uno asiático? Busca los siguientes datos para cada elefante: tamaño de orejas, número de dedos de los pies, forma de la trompa, punto más alto del tronco y tipo de frente. Presenta la información en una tabla de dos columnas, una para cada elefante.

Cambiar el color de una flor

Corta un centímetro del tallo de un clavel blanco. Pon el clavel en un vaso de agua. Echa colorante de comida rosa en el agua. ¿De qué color es el clavel después de dos días? Si quieres prueba con otros colores.

Investigar

¿Quiénes son los antecesores de los elefantes? ¿En qué se parecen? ¿En qué se diferencian? Usando una enciclopedia, haz una tarjeta de datos para cada antecesor.

291

Buscar en la computadora de una biblioteca

1. Primero aparecerá lo siguiente:

1. Nombre del autor
2. Título
3. Tema
4. Libros infantiles

Aprieta el número 4 para libros infantiles. Aprieta la tecla "Enter".

2. Luego verás:

Teclea el tema que buscas: ELEFANTE

Aprieta la tecla "Enter".

3. A continuación te indicamos los resultados de la búsqueda:

Autor y título	Signatura [Formato]	Fecha
1. Los elefantes africanos	J M 162465 B [vídeo]	1974
2. Delgado, Carlos El origen de los elefantes	J 629.22 D	1995
3. Neuman, Lilian Mi amigo el elefante	J 796.6 N	1979

Contesta estas preguntas usando las pantallas de computadora.

1 En la lista hay un vídeo. ¿Cómo se llama?

2 ¿Quién escribió "Mi amigo el elefante"?

3 ¿Cuál libro es el más reciente?

4 ¿De qué crees que trata el libro de Carlos Delgado?

5 ¿Qué tipo de información puede aparecer en el vídeo?

Repite el cuento para ti mismo para entenderlo mejor.

INDICACIONES:

Lee el cuento. Luego lee cada una de las preguntas.

MODELO

¿Para qué sirve un centavo?

Adriana salió a caminar. Mientras caminaba miraba la acera. Prestaba atención a los montículos y las grietas. De pronto vio algo que brillaba. Era una moneda nueva de un centavo.

—Una moneda de un centavo trae suerte —dijo Adriana. Se puso la moneda en el bolsillo. Ya se sentía con suerte. "¡Ojalá que el centavo me alcanzara para comprar helado!", pensó.

Comenzó a llover. Adriana volvió a su casa. Entró y fue a la cocina. ¡Sobre la mesa había un plato lleno de helado para ella!

1 ¿Qué encuentra Adriana en la acera?

○ Una pata de conejo

○ Una moneda de un centavo

○ El libro de una amiga

○ Un impermeable

2 ¿Cuál de estas observaciones corresponde mejor al cuento?

○ La casa de Adriana es igual a otras casas.

○ A veces uno obtiene lo que desea.

○ Se puede comprar mucho helado con un centavo.

○ No es fácil comer helado en la lluvia.

Tres tristes tigres

En un plato de trigo,
tragan trigo
tres tristes y atigrados tigres.

¿Por qué tragan trigo,
en un mismo plato,
los tres tristes tigres atigrados?

Porque son tres atigrados
tristes tigres tragones.

Tradicional

Conozcamos a Beatriz Ferro

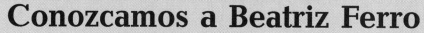

Imaginar historias, dibujar e inventar, son cosas que Beatriz Ferro empezó a hacer cuando era niña. Desde entonces no ha parado. Según dice, todo empezó cuando tenía sólo ocho años, cuando creó su propia revista de chistes e historietas. Como sólo tenía un ejemplar, se lo tenía que alquilar a sus primos, tíos y abuelos. Desde entonces, ha hecho de todo. Ha sido periodista, ha diseñado colecciones enteras de obras para niños, e incluso ha escrito enciclopedias. Y mientras sus libros se traducían a muchísimos idiomas, ella luchaba contra dragones y descubría islas desiertas, viviendo las aventuras de sus cuentos.

Conozcamos a Clara Urquijo

Clara Urquijo nació en Buenos Aires, Argentina. Se licenció en Bellas Artes en la Escuela Nacional de Buenos Aires y también en Croydon College of Arts and Design de Londres, Inglaterra. Es la autora de algunos de los murales de la Catedral de San Isidro (Argentina) y ha diseñado carteles y tarjetas de felicitación para editoriales americanas y europeas. Pero según ella, la labor que hace con más gusto es la de ilustrar libros para niños. Se destacan las ilustraciones que hizo para los cuentos *Alelí y el payaso Bum Bum, El mago Mirasol* y *Flautista de Hamelín.*

Ramiro

Beatriz Ferro
Ilustraciones de Clara Urquijo

 ace muchos, muchos
años vivía en España un ratón
llamado Ramiro.

Tantos años hace que aquel
ratón español vivía en España que,
en sus tiempos, aún no se conocía
el chocolate con maníes,
ni el chocolate sin maníes,
ni el chocolate,
ni los maníes.

299

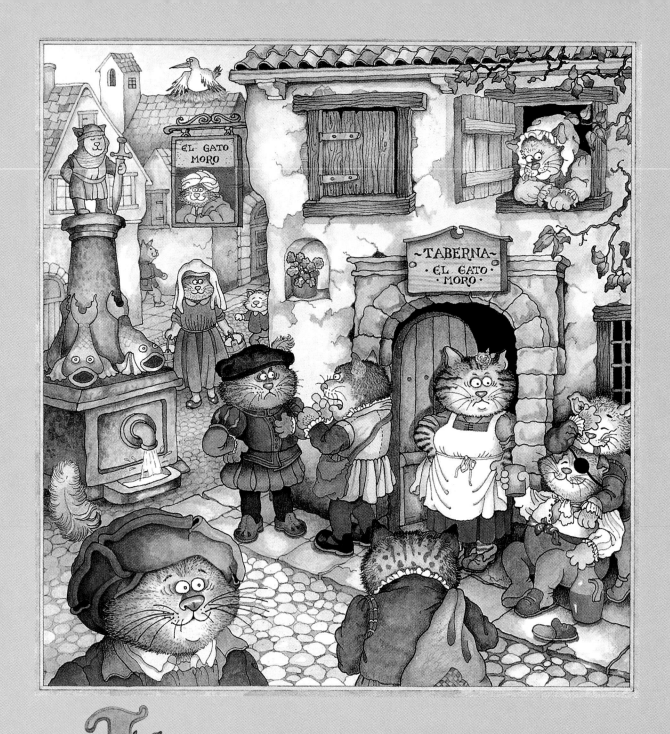

L o que en cambio ya se conocía en aquellos remotos tiempos era lo peor de lo peor para un ratón; o sea, los gatos.

Gatos que acechaban a la
vuelta de cada esquina, detrás de las
puertas, bajo los armarios...
Ramiro era muy impresionable
y eso explica por qué, a cada momento,
se le cortaban la digestión y el aliento
y su corazón se ponía a latir
como un relojito enloquecido.

Aquélla no era vida y decidió consultar a un famoso médico.

—Hay que reconocer que nosotros, los ratones, somos todos muy sensibles —observó el médico—. Pero tú, Ramiro, tienes los nervios a la miseria. No debes tomarte TAN en serio a los gatos. Tal vez esto te ayude...

Y escribió una receta. Ramiro
la siguió al pie de la letra.
Tomó té de tilo, se puso cataplasmas
de lechuga y masticó ajo crudo para
infundirse coraje y repitió diez veces
por día "calma y optimismo, calma y
optimismo, quilmo y optimalma".
A pesar de lo cual siguió de susto
en susto.

Por fin, un día, tomó la
GRAN DECISIÓN: se iría a
vivir a un país donde no existiesen
los gatos.

Lo primero que hizo fue consultar
un gran mapa, precisamente
uno donde aparecía toda la fauna. Por
supuesto, era un mapa de los tiempos de
Ramiro, tan, pero tan antiguo que América
no figuraba en él.

amiro lo observó
y sacó estas conclusiones:
en Alemania había gatos rubios;
en Escocia, gatos pelirrojos;
en Italia, gatos atigrados;
en Rusia había gatos blancos
y en África, gatos negros...
¡No existía país ni
continente sin gatos!

NOVA
EVROPÆ
1485

Circulus Arcticus

RUS
SIA

ASIÆ

ESCOCIA

OCEANUS
GERMA
NICUS

MARE
BALTI
CUM

ALEMANIA

EUROPAE

BRITANICUS

MARE MAIOR

ITALIA

ASIA MINOR

MARE

MEDITERRANEUM

QUATUOR
ANNI TEM
ESTATES

VER

ÆS TAS

AUTUM NUS

HYEMS

Sin embargo, de todos modos,
Ramiro se fue de viaje porque...
...una mañana se topó con un
gato andaluz de esos que corren
como la luz.
Ramiro escapó y el gato detrás.
Corrió y corrió y el gato siempre detrás.

orrió en línea recta,
en remolino y en zig-zag y el gato
siempre detrás. Corriendo como
un salvaje llegó al puerto,
trepó por las amarras de una nave
que estaba a punto de zarpar
(para ser precisos una carabela)
y se libró de su terrible enemigo.
Así fue cómo, por pura casualidad,
emprendió un largo laargo
larguíiisimo viaje.

La nave (o sea la carabela) se internó en el océano. Ramiro se cansó de mirar por el hueco de sus manos en forma de catalejo, pero no divisó ningún puerto.

Fue un viaje tan largo entre el mar y el cielo, que las provisiones se agotaron.

Ramiro, muerto de hambre, jugó a comer bizcochos salados, aunque en realidad fuesen astillitas del suelo con gusto a sal marina. Hasta que por fin, un buen día, un marinero llamado Rodrigo gritó:

—¡Tierra!

Y apareció la costa a lo lejos.

Horas después desembarcaron. Y el almirante, que se llamaba Cristóbal Colón y *era* Cristóbal Colón, pisó la nueva tierra que acababan de descubrir. Habían llegado a una isla de aquel continente que, andando el tiempo, se llamaría América.

Las islas y el continente estaban poblados y allí crecían muchas cosas buenas, desconocidas en Europa, como el cacao, con que se hace el chocolate, y los maníes.

Por último bajaron a tierra Ramiro y los otros ratones polizones. Recorrieron los alrededores, olfatearon las casas por fuera y por dentro, miraron de derecha a izquierda, de arriba a abajo... ¡Y no encontraron un solo gato! Porque, afortunadamente para ellos, en América aún no se conocía el gato doméstico. Ramiro abrazó a los ratones americanos con lágrimas en los ojos.

esde entonces vivió feliz. Raras veces volvió a ponerse nervioso; sólo de tanto en tanto, cuando soñaba con un lejano gato europeo. De todas maneras, a veces se acercaba al puerto para asegurarse de que no llegara ninguna nave con...

gatos rubios de Alemania
pelirrojos de Escocia
atigrados de Italia
negros de África
o blancos de Rusia.

Preguntas y actividades

1 ¿Por qué se subió Ramiro a un barco?

2 ¿Qué sucesos de este cuento están basados en la realidad?

3 ¿Por qué los ratones les temen a los gatos?

4 ¿De qué trata este cuento?

5 ¿Crees que a Ramiro le hubiese gustado encontrarse con el gato embotado? ¿Por qué?

Escribir un diálogo

Han pasado dos años desde que Ramiro llegó a América. Por la calle ve pasar a Cristóbal Colón y corre detrás para darle las gracias por haberlo traído a América y haberlo liberado de los gatos. Escribe un diálogo entre los dos.

Dibujar una escena

Observa con atención las dos viviendas de Ramiro, la española y la americana. Parecen ser las de un ser humano, con los muebles y la ropa de aquella época. Siguiendo la misma idea, dibuja a Ramiro en un dormitorio, como los de hoy en día, a punto de acostarse.

Modelar islas

Busca un pedazo de cartulina bastante grande y píntalo de azul para simular el mar. Mientras se seca, usa plastilina para modelar las cuatro islas más grandes del Caribe: Cuba, Jamaica, Haití con la República Dominicana y Puerto Rico. Usa un mapa para ayudarte a formar las islas. Cuando la cartulina esté seca, pon las islas sobre el mar, dejándote llevar por el mapa.

Investigar

No es lo mismo cruzar el mar Mediterráneo que el océano Atlántico. Por eso, los barcos que se usan para navegar en cada uno son distintos. Busca en una enciclopedia las diferencias entre una galera y una carabela y dibuja las dos embarcaciones. Rotula cada una.

Leer el plano de una biblioteca

No hay duda de que si existiera una biblioteca para ratones, Ramiro hubiera visitado una para consultar mapas. Un plano de la biblioteca le hubiera ayudado a encontrar lo que buscaba.

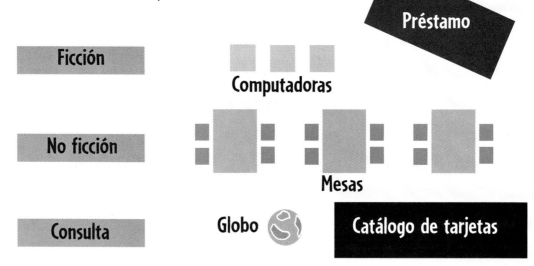

Plano de una biblioteca

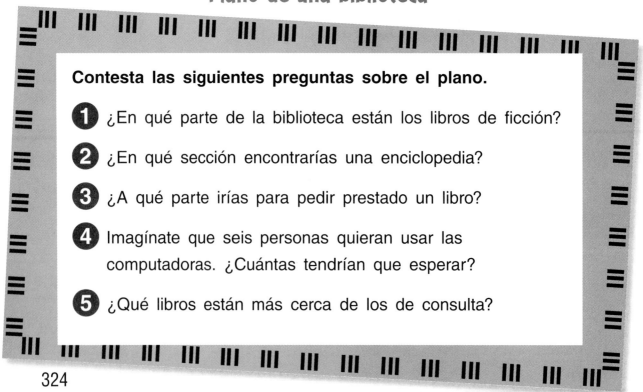

Contesta las siguientes preguntas sobre el plano.

1 ¿En qué parte de la biblioteca están los libros de ficción?

2 ¿En qué sección encontrarías una enciclopedia?

3 ¿A qué parte irías para pedir prestado un libro?

4 Imagínate que seis personas quieran usar las computadoras. ¿Cuántas tendrían que esperar?

5 ¿Qué libros están más cerca de los de consulta?

> Si lees el texto con cuidado te será más fácil contestar las preguntas.

INDICACIONES:

Lee el cuento. Luego lee cada una de las preguntas.

MODELO

Entrega a domicilio

Hay muchas personas que trabajan en la oficina de correos. Asisten en el envío y el recibo de cartas.

Algunas personas de la oficina clasifican las cartas. Primero leen la dirección. Luego ponen el sobre en la bolsa que va al lugar de destino. Cada bolsa va a una ciudad diferente. Unas van por camión. Otras viajan por avión. Cada día llegan a la oficina bolsas llenas de cartas.

Otras personas reparten las cartas. Son los carteros. Ellos llevan las cartas de la oficina de correos a tu casa.

1 ¿Cuál de estas observaciones corresponde mejor al texto?

- ○ Muchas personas reciben cartas los martes.
- ○ Se necesitan muchas personas para que la correspondencia llegue al lugar de destino.
- ○ La mayoría de los carteros viajan en avión.
- ○ La mayor parte de las cartas tienen sellos.

2 En el texto dice que algunas cartas van en —

- ○ autobús.
- ○ bote.
- ○ avión.
- ○ tren.

Pablito

Pablito clavó un clavito;
un clavito clavó Pablito.
Si Pablito clavó un ratito,
¿cuántos clavitos crees que clavó Pablito?

Tradicional

KATHLEEN M. MULDOON
Ilustraciones de Linda Shute

328

La Princesa

Mi hermana mayor tiene diez años. Se llama Penelope Marie Piper, pero todos la llaman Penny. Todos excepto yo, Patty Jean Piper, que la llamo la Princesa. Nadie sabe que la llamo así, pero el nombre le queda perfecto. Se pasa todo el día sentada en un trono con ruedas dándole órdenes a todo el mundo.

Cuando vamos de compras a los grandes almacenes, la Princesa va en su trono. Mientras papá lo empuja, ella sonríe y saluda como si fuera una estrella de cine. Mamá carga con las muletas de la Princesa y yo, Patty Jean la Criada, cargo con los paquetes. A veces llevo tantos que parezco una caja con patas.

Todos la adoran. El abuelito,
la abuelita y todos los tíos, tías y
primos de nuestra familia la
abrazan y le dicen lo buena y
maravillosa que es. Luego me
miran a mí y me dicen que crezco
como la mala hierba. Así es como
son las cosas desde hace un millón
de años. La Princesa es una flor
y yo, la sencilla Patty, una
mala hierba.

Una vez fuimos a una feria. La Princesa me miró
subir cien veces a la montaña rusa. Lo pasé bien, pero
hubiera sido mejor con una amiga. Casi deseé que la
Princesa hubiera podido subir conmigo. Más tarde,
intenté ganar un caniche rosa de peluche. Me gasté
todo lo que tenía y lancé mil pelotas, pero no pude
tirar ninguna botella. Cuando nos marchábamos, el
hombre le dio a la Princesa un caniche de peluche
amarillo con un collar de diamantes. Sí, así es. Todo
el mundo le regala cosas.

Mi escuela tiene como cien
años. Está tan lejos de casa
que para llegar tengo
que pasarme horas en
un autobús. La Princesa
asiste a una escuela
nueva que está justo
enfrente de casa. Va
sola en su trono y
llega en un
segundo.

Si llueve, papá la
lleva en coche. Pero
yo, Patty Jean, me
enfundo un impermeable
amarillo horrible y espero
entre charcos de lodo a
que llegue el autobús.

El sábado es día de limpieza. Mamá corta el césped. Papá lava la ropa y limpia el garaje. La Princesa dobla la ropa seca y la deja en montoncitos sobre la mesa. Yo, Patty Jean la Criada, limpio el cuarto de baño.

Un sábado, mamá me pidió que doblara la ropa porque la Princesa tenía terapia. Me senté en la mesa imaginándome que era la Princesa, doblé la ropa muy rápido y la coloqué en pilas perfectas. Cuando la Princesa llegó a casa, yo pensaba que mamá le iba a decir que limpiara el cuarto de baño. Sin embargo, mamá llevó a la Princesa directamente a la cama porque estaba cansada. Así que a mí, la agotada Patty Jean, me tocó además limpiar el cuarto de baño.

Ahora es verano. Todos mis amigos se han ido de campamento; todos, excepto yo. Mamá dice que no hay dinero para vacaciones porque han comprado aparatos nuevos para las piernas de la Princesa.

En realidad, la Princesa no los necesita. Se pasa todo el día sentada. Sólo da paseos cortísimos, como para ir al baño de algún restaurante si su silla de ruedas no cabe por la puerta. Mamá dice que también camina durante la terapia. Sin embargo, yo nunca la he visto hacerlo.

Después de comer salgo al jardín. La Princesa está leyendo un libro recostada en una hamaca.

—¿Quieres jugar a las marionetas? —pregunto.

—No, gracias —responde con su voz de princesa—. Voy a leer muchos libros para ganar un premio del programa de lectura de verano.

Yo no tengo ganas de leer, pero de todos modos agarro un libro y miro las ilustraciones. En un minuto ya he terminado.

—Qué aburrido es este libro —comento—. Juguemos con marionetas.

La Princesa no contesta. Miro hacia su hamaca. Allí está, durmiendo.

Su trono se encuentra detrás de un árbol. Al verlo vacío se me ocurre la mejor idea del mundo. ¡Hoy yo, Patty Jean, seré la Princesa!

Me siento en el trono. Está forrado de cojines, y me siento como en una nube.

—Descansaré en mi trono dorado toda la
tarde.

Me imagino a los súbditos de mi reino
mirándome, adorando a su nueva y bella princesa.

Es difícil avanzar con el trono por el césped.
Me levanto y lo empujo hasta la entrada de la
casa. Ahora sí que pasaré *cada minuto* en el trono.

Decido ir hasta la escuela de la Princesa. Al borde de la acera hay un pequeño montículo de hierba bastante empinado. Bajarlo debe ser divertido. Me siento en el trono y empujo las ruedas con fuerza.

¡PLAF! El trono me arroja a la acera y se me cae encima. Me he cortado en la rodilla pero no me duele demasiado. Me alegro de estar sola porque no quiero que nadie se ría de mí. Me pregunto si, al principio, la Princesa se cayó alguna vez. Enderezo la silla de ruedas y me siento de nuevo.

Luego, voy en la silla hasta la esquina. Bajo por el desnivel para poder cruzar.

Al ponerse la luz verde, le doy a las ruedas lo más rápido que puedo. Llego hasta la mitad de la calle, pero la luz cambia a roja otra vez.

De un lado y de otro, pasan coches y camiones. Me cubro los ojos para no ver cómo me APLASTAN.

Finalmente el tráfico se para y la luz se pone verde de nuevo. Termino de cruzar la calle. Intento subir a la acera por el desnivel. Subir con la silla es muy difícil, pero lo logro. Sigo por la acera. Me he esforzado tanto que me parece que tengo rotos los dos brazos.

Se me acercan algunos adultos. Se fijan en mí y en mi trono y luego giran la cabeza rápido, como hago yo cuando veo una película de terror. ¿Le pasará esto a la Princesa?

Unos niños que juegan en la acera no quieren apartarse del camino.

—¿Por qué no me atropellas, Dos Ruedas? —dice uno de ellos.

Todos sus amigos se ríen.

—¡Les voy a dar! —grito, pero ellos vuelven a reírse y se van corriendo.

En el patio del colegio veo un camión de helados. Hay muchos niños alrededor. Tomo un atajo a través del campo de béisbol pero para cuando llego allí y saco el dinero del bolsillo, pasa lo peor del mundo. ¡Empiezan a caer gotazas enormes de lluvia! La ventana del camión se cierra. Los niños gritan y se van corriendo. El camión se va y yo me quedo sola en mi trono mojado.

Cada vez llueve más. Pienso en irme a casa corriendo pero no puedo dejar el trono solo en la lluvia. Además, sigo siendo la Princesa. ¡Aunque me empape, voy a pasar hasta el último minuto en mi trono! Por lo tanto, sigo empujando. Cuando llego de nuevo al campo de béisbol, me doy cuenta de que está lleno de lodo. Las ruedas del trono se hunden más y más, y dejan de girar. Tengo las manos cubiertas de lodo. Salto de la silla y mis sandalias nuevas, pies incluidos, se hunden. Cuando por fin logro desatascar el trono, estoy más mojada y tengo más frío que nunca antes en mi vida. Yo, la Princesa Patty Jean, estoy hecha un soberano asco. No hay duda de que ha llegado el momento de abandonar el honor de ir sentada en el trono.

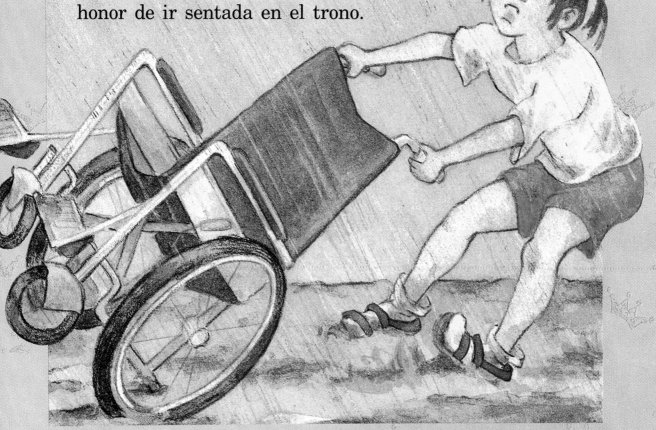

Deja de llover y aparece el arco iris. Veo a mi padre frente a mi casa. Grita algo una y otra vez, pero el ruido de los coches y los camiones es tan fuerte que no puedo oirlo. Mamá va por la calle mirando para todos lados. Empujo el trono sucio hasta el otro lado del campo y llego a la acera.

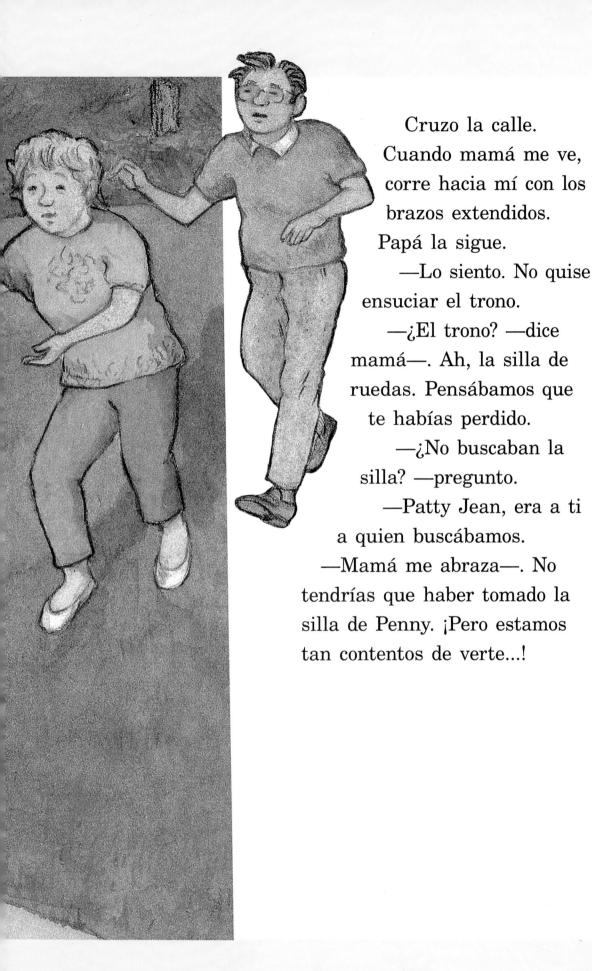

Cruzo la calle. Cuando mamá me ve, corre hacia mí con los brazos extendidos. Papá la sigue.

—Lo siento. No quise ensuciar el trono.

—¿El trono? —dice mamá—. Ah, la silla de ruedas. Pensábamos que te habías perdido.

—¿No buscaban la silla? —pregunto.

—Patty Jean, era a ti a quien buscábamos. —Mamá me abraza—. No tendrías que haber tomado la silla de Penny. ¡Pero estamos tan contentos de verte...!

Mamá me baña y me pone en la cama como hace con Penny. Después de que Papá y Mamá me dan las buenas noches y apagan la luz, me quedo pensando.

—Penny —susurro—, ¿estás despierta?

—Sí.

—¿Qué te gusta más, caminar o ir sentada?

—No sé, caminar me cansa muchísimo; pero también me canso de empujar la silla de ruedas.

Creo que prefiero la silla porque, cuando estoy sentada, puedo hacer cosas con las manos. En cambio, cuando uso las muletas, no.

—¿Cómo puedes sonreír todo el rato cuando estás sentada en esa silla horrible?

—No es horrible. Me lleva a lugares a los que no puedo ir con las muletas.

Su respuesta me hace volver a pensar.

—Siento haberte cogido la silla.

—No pasa nada. Duérmete ya.

Pero estoy desvelada. Ojalá que mi hermana pueda ser feliz. Ya no la llamaré Princesa. Después de todo, no es un buen nombre para ella. Tal vez sea mejor que sólo se llame Penelope Marie y yo, su hermana, Patty Jean Piper.

Conozcamos a *K*ATHLEEN M. MULDOON

Kathleen M. Muldoon sabe perfectamente lo que es tener un desafío físico. En una pierna lleva un aparato ortopédico. Su otra pierna es artificial. Hablando con los niños, empezó a darse cuenta de que muchas veces se sienten excluidos porque su hermano o hermana necesita atención constante. Kathleen decidió escribir una historia desde este punto de vista.

"Pensé que 'La Princesa', era el nombre apropiado para Penny. A todas las niñas les gustaría ser una princesa, pero en este caso es distinto. Patty Jean la llama así porque en realidad no cree que su hermana sea una princesa de verdad. Sólo actúa como si así lo fuera."

Conozcamos a **LINDA SHUTE**

Linda Shute nos cuenta: "¿Quieren saber qué fue lo que me ayudó a crear los dibujos para este cuento? Patty Jean me pareció una persona divertida, pensativa y valiente a la que me gustaría conocer. Sentí que era una historia sobre dos hermanas. Eso es lo que intenté mostrar en mis ilustraciones."

Preguntas y actividades

1 ¿Qué es realmente el "trono con ruedas" de Penelope?

2 ¿Por qué Patty Jean llama "Princesa" a su hermana?

3 ¿Qué aprendió Patty Jean al usar la silla de ruedas?

4 ¿Cuál es la idea principal de este cuento?

5 Tanto Patty Jean como Liz de "El club de los mejores amigos", han aprendido a ver a las personas de otra manera. Describe cómo han cambiado ambos personajes.

Escribe el cuento de Penelope

¿Cómo sería el cuento si lo contara Penelope en vez de Patty Jean? Imagínate que eres Penelope y que escribes en tu diario cómo fue el día en que tu hermana se llevó tu silla de ruedas. Cuenta lo que sucedió desde la mañana hasta la noche y describe tus sentimientos.

Buscar información sobre las familias

Patty Jean tiene una hermana. ¿Cuántos niños y niñas hay en tu familia? ¿Cuántos niños y niñas hay en las familias de tus compañeros? Escribe los nombres de todos los niños y niñas de tu familia en una tarjeta. ¡No te olvides del tuyo!

Un evento especial

Patty Jean y su familia se van a la feria. ¿En qué evento especial has participado, o en cuál te gustaría participar? Haz un dibujo de tal evento. Escribe el nombre de ese evento y tres cosas que podrían pasar en él.

Investiga

Los Juegos Paraolímpicos son un evento internacional para los minusválidos. Busca más información acerca de los Juegos Paraolímpicos. ¿Cuándo empezaron? ¿Qué eventos se celebran en estos juegos?

Usar una enciclopedia

112   Hawking, Stephen   Hay

Hawking, Stephen William

(1942-   ) Stephen William Hawking es un científico británico.
Hawking plantea cuestiones sobre el universo. Stephen Hawking
padece una enfermedad llamada ALS. No puede hablar. Sólo
puede mover algunos músculos de la cara y de las manos. Pero
Hawking aún puede trabajar. Se mueve en una silla de ruedas y
tiene una computadora que habla por él. Además de ser científico,
Hawking defiende los derechos de los minusválidos.

Usa esta página de la enciclopedia para contestar estas preguntas:

1 ¿Qué tomo tendría esta información sobre Stephen Hawking? ¿Por qué?

2 ¿Cuáles son las palabras guía de esta página?

3 ¿Cuál es la discapacidad de Stephen Hawking?

4 ¿Cómo hace para comunicarse?

5 ¿A qué se dedica aparte de la investigación?

Presta atención a los detalles del cuento.

INDICACIONES:

Lee el cuento. Luego lee cada una de las preguntas.

MODELO

¿Cuál ganará?

En octubre siempre hay un concurso de calabazas. Muchas personas inscriben a sus calabazas. Unas son chicas. Otras son grandes. Otras son gigantes.

Para participar en el concurso, primero hay que pesar la calabaza. Luego se debe medir la calabaza en el punto más ancho. Después hay que presentar la calabaza ante los jueces, que observan cada una. Consideran su forma, su color y su tamaño. Luego escogen la ganadora. Cada ganadora obtiene una medalla. La mejor de todas gana una medalla de oro.

1 ¿Cuál es la idea principal del texto?

○ Se juzga a la calabaza ganadora de diferentes modos.

○ Es fácil comer calabazas.

○ Mi calabaza es la mejor.

○ El pastel de calabaza tiene muy buen gusto.

2 ¿Cuál de estas observaciones corresponde mejor al texto?

○ Las calabazas pequeñas son las mejores.

○ Se consideran muchas cosas al escoger la ganadora.

○ Las calabazas son gigantes.

○ El concurso es en verano.

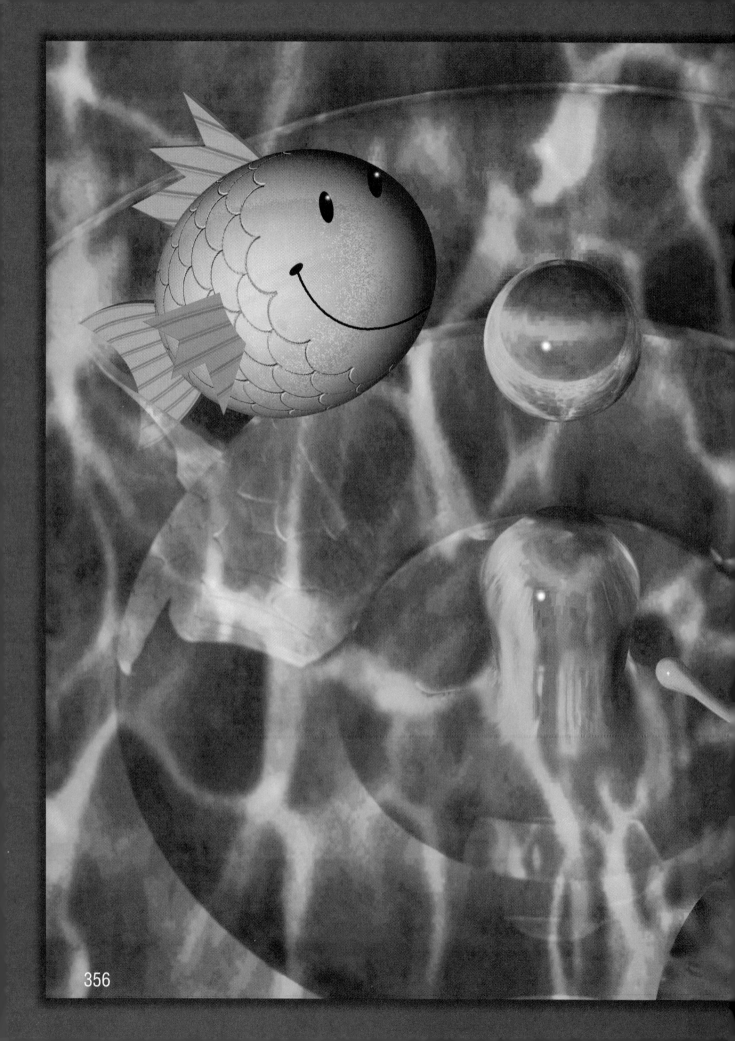

La gota de agua

¡Qué gota de agua es ésta,
tan humilde, tan buena!
Es un diamante
y no lo sabe.
Es una perla
y le daría vergüenza
que alguien se lo dijera.
Pero se pone ufana
si oye que la comparan
con una lágrima.

Luis Alberto Murray

Conozcamos a Mada Carreño

Mada Carreño nació en Madrid, España. La Guerra Civil Española la lleva primero a un campo de refugiados de Francia y luego, durante un breve período de tiempo, a Inglaterra. En 1939 se exilió con su familia en México y ha residido en ese país desde entonces.

Mada Carreño ha publicado *La pulga Cecilia*, numerosos cuentos clásicos infantiles y escenas bíblicas para niños. Sus intensas vivencias las ha volcado en los textos que ha escrito. ¿No es acaso "El viaje del joven Matsúa" una historia parecida a la suya?

Conozcamos a Gerardo Suzán

Gerardo Suzán nació en la ciudad de México. Es una de esas personas a las que, desde niños, se les adivina lo que van a ser de mayores. Desde muy pequeño mostró una gran afición por el dibujo y pasaba tardes enteras al lado de su padre copiando todo lo que veía a su alrededor. En 1981 se fue a El Paso, Texas, a estudiar dibujo y pintura. Desde entonces se ha dedicado por entero a la ilustración. En 1985 ganó el Premio Antoniorrobles.

El viaje del joven Matsúa

Leyenda tarahumara
Versión de Mada Carreño
Ilustraciones de Gerardo Suzán

—Pronto vamos a recorrer los caminos del mundo —dijo el abuelo.

La pequeña Nitá y su hermano mayor, Matsúa, lo escuchaban con atención.

—Aquí, en Casas Grandes, ya no podemos vivir
—continuó el abuelo—. El Señor de las Aguas se enojó.
Ya no envía lluvia como lo hacía antes, y el maíz se
seca en los campos. Iremos a otros lugares verdes,
donde las semillas den fruto y nos alimenten.

Siento tener que marcharme de aquí —dijo Matsúa. Y Nitá asintió con la cabeza.

—Hijos míos, no debemos entristecernos por abandonar el sitio que habitamos. En todos los lugares de la tierra se extiende la hermosura, y de todo lo nuevo que conoce aprende el hombre.

Al amanecer del día siguiente la familia entera emprendió la marcha. La madre, que era joven y animosa, iba delante. La seguían la niña, Matsúa y el abuelo. Todos cargaban su equipaje a la espalda. El muchacho llevaba también una honda, un arco y algunas flechas. Y Nitá llevaba consigo a su ardillita en una jaula de cañas.

Durante varios días siguieron el curso del río, hasta que éste cambió de dirección. Después volvieron a encontrárselo varias veces.

—¿Cómo es la gente del lugar en que vamos a vivir? —preguntó Matsúa—. ¿Crees que nos recibirán bien?

—Se les llama rarámuri, que significa "pies corredores", y también tarahumaras. Tal vez nos acepten con gusto, no lo sé. Son recios y altivos, y hay que saber merecer su compañía. Desprecian a la gente falsa y aman su libertad por encima de todo.

Llegaron los viajeros a una región muy seca, pero abundante en conejos. Entre Matsúa y su

abuelo se entabló una competencia para ver quién cazaba más. El muchacho hizo buenos blancos

con sus flechas, pero el abuelo, con sus trampas, cazó una pieza más que el nieto. Durante varios días estuvieron ahumando la carne.

Al seguir su camino vieron a lo lejos una aldea

incendiada y más adelante pasaron junto a otra, que estaba cercada con estacas puntiagudas. Quisieron entrar para cambiar algo de carne por vegetales, pero no los dejaron.

Cuando la familia llegó a las montañas se desató una tremenda tempestad, por lo que tuvieron que guarecerse en una cueva. A la mañana siguiente, Matsúa oyó un caracol de los que usan los cazadores, y corrió hacia el lugar de donde provenía el sonido.

Un joven tarahumara estaba sobre el abismo agarrado de un peñasco, al tiempo que un gigantesco buitre trataba de picarle los ojos.

Matsúa empuñó su honda, calculó bien el tiro y de una fuerte pedrada derribó al ave, salvando así al muchacho. Éste y sus compañeros recibieron muy bien a Matsúa y a su familia.

Pasado el tiempo, el joven Matsúa llegó a ser el mejor corredor entre los tarahumaras.

Preguntas y actividades

1 ¿Por qué la familia de Matsúa abandona Casas Grandes?

2 ¿Cómo son la mayoría de los tarahumaras?

3 ¿Cómo es Matsúa? Da ejemplos del cuento.

4 ¿De qué trata este cuento?

5 ¿En qué se diferencian el viaje de Matsúa y el viaje de Ramiro?

Escribir un discurso

Imagínate que eres el joven que rescató Matsúa. Ahora tienes que convencer a tu gente del valor de Matsúa para que toda su familia pueda quedarse. Cuenta con detalle cómo fue que resbalaste, tu lucha por no caerte y cómo Matsúa te salvó.

Haz un medidor de lluvia

Corta una botella de plástico transparente por la mitad y mete la parte de arriba en la de abajo para que haga de embudo. Pinta una escala con rayitas fuera de la botella. Ponla afuera un día de lluvia y cada media hora marca el nivel del agua.

Gráfica de barras

Con un reloj con segundero, cuenta el tiempo que tardas en correr una cuadra. Apúntalo y descansa medio minuto. Repite lo mismo cinco veces. Haz una gráfica de barras con los resultados.

Investigar

¿Quiénes son los tarahumara? ¿Dónde viven? Consulta una enciclopedia y escribe los datos en una tarjeta. Dibuja un pequeño mapa que muestre dónde viven.

DESTREZAS DE ESTUDIO

Buscar en la computadora de una biblioteca

Acabas de leer "El viaje del joven Matsúa". Imagínate que quisieras leer otro libro de Mada Carreño.

A continuación aparecen los resultados de una búsqueda por autor en la computadora de una biblioteca.

Autor y Título	Signatura	Fecha
1. **Carreño, Mada** La hija de Jairo	J Fic C	1990
2. **Carreño, Mada** La pulga Cecilia	J Fic C	1996
3. **Carreño, Mada** La salida de Egipto	J Fic C	1995
4. **Carreño, Mada** Tres sabios de Oriente	J Fic C	1996
5. **Carreño, Mada** Un ángel visita a María	J Fic C	1996

Contesta estas preguntas sobre la búsqueda.

1 ¿Qué crees que indica la abreviatura Fic?

2 ¿Qué libro trata de una pulga?

3 ¿En qué signatura se encuentran todos los libros de Mada Carreño?

4 ¿Cuál es el libro más viejo de esta lista?

5 Si también hubiera escrito un libro que se llamara "Tomates maduros", ¿dónde aparecería en la lista?

376

Tómate tiempo para leer el cuento, las preguntas y las respuestas.

INDICACIONES:

Lee el cuento. Luego lee cada una de las preguntas.

MODELO

La búsqueda del tesoro

Tina invitó a Pat a hacer una búsqueda del tesoro. Cuando Pat llegó, Tina le dio una lista de cosas para buscar.

Pat tenía que hallar: una hoja verde, un pelo de perro, una flor, el día del cumpleaños de la madre de Tina y el nombre del gato.

Cuando Pat encontró todo, llamó a Tina. Tina verificó todas las respuestas. Le dijo a Pat que lo había hecho muy bien y en muy poco tiempo. Pat le agradeció a Tina por todo lo que se había divertido y le preguntó si podían hacer otra búsqueda del tesoro pronto.

1 ¿Cuál de estas observaciones corresponde mejor al cuento?

○ Es muy fácil encontrar insectos.

○ Estar con un amigo puede ser muy divertido.

○ A todos mis amigos les gusta buscar cosas.

○ Lleva mucho tiempo buscar tesoros.

2 ¿De qué trata el cuento?

○ La búsqueda del tesoro de Tina y Pat

○ La casa de Tina

○ La madre de Tina

○ Qué hacer en una búsqueda del tesoro

378

Flores del cafeto

Niñitas blancas
del cafetal,
¡cómo madrugan
a trabajar!

Sus vasijitas
de rica miel,
¡qué tempranito
abren al sol
para la hormiga,
la abeja aurina
y el zumbador!

Y en sus platitos
tan aromados
de porcelana,
¡qué de rocío
para los vientos
recién nacidos
de la mañana!

Isabel Freire de Matos

Plantas en PELIGRO

¿Dónde están las flores?

La próxima vez que vayas a cortar una planta silvestre, ten cuidado. Podría estar en peligro de desaparecer para siempre. Éstas son las malas noticias que nos da el *World Conservation Union* (Unión para la Conservación del Mundo). Este grupo se ha pasado los últimos 20 años haciendo una lista de plantas en peligro. En esta lista aparecen 34,000 tipos de plantas, árboles, arbustos y flores. Ciertos tipos de palmeras, rosas, lilas y flores silvestres también están en la lista.

La flor más grande del mundo es la raflesia. Puede llegar a medir tres pies.

Colina de California cubierta de flores silvestres.

381

LAS 5 FLORES QUE MÁS SE SIEMBRAN

Éstas son algunas de las plantas de jardín más comunes en EE.UU. Ninguna de ellas está en peligro:

1 Zinias

2 Caléndulas

3 Flor de nieve

4 Girasoles

5 Campanillas

Según la WCU, uno de cada ocho tipos de planta en el mundo está en peligro de desaparecer. En Estados Unidos casi una de cada tres especies de plantas está en peligro. La mayoría de las plantas del mundo crece en un solo lugar. Algunas plantas de coral, por ejemplo, sólo se dan en Chile.

Las plantas desaparecen cuando destruimos los lugares donde viven. Esto sucede cuando construimos carreteras, fábricas y casas. Las plantas y los árboles también pueden desaparecer cuando, por otras razones, se destruye la vegetación.

A veces llevamos plantas de un lugar del mundo a otro.

Estas nuevas plantas pueden

Las plantas desaparecen cuando se arrasan las selvas.

El cactus saguaro es una especie protegida en Arizona.

desplazar a las otras, que han estado allí durante cientos de años.

¿Por qué es tan importante proteger nuestras plantas? "Las plantas nos dan la ropa, el alimento y la mayoría de las medicinas que necesitamos", dice David Brackett. Él trabaja en la WCU. Brackett dice que todos debemos prestar atención a las plantas del mundo y ayudar a conservarlas. Si no lo hacemos, parte de nuestra riqueza natural podría desaparecer para siempre.

POR FAVOR, NO CORTEN LAS FLORES

Alrededor de una de cada 10 especies de flores silvestres de Estados Unidos está en peligro de extinción. Estados Unidos no quiere que esto suceda. Por eso está prohibido cortar flores silvestres en los parques y en nuestros bosques. En muchos estados, está prohibido cortar flores en cualquier sitio. Estas leyes contribuyen a salvar las flores, para que la gente pueda disfrutarlas por muchos años más.

INVESTIGA

Visita nuestra página web:
www.mhschool.com/

CONEXIÓN
inter NET

Preguntas y actividades

1. ¿De qué es la lista que hizo la Unión para la Conservación del Mundo?

2. ¿Por qué cree David Brackett que es importante salvar las plantas?

3. ¿Por qué han prohibido algunos estados arrancar flores?

4. ¿Cuál es la idea principal de esta selección?

5. ¿Sobre qué otras plantas y animales que estén en peligro de extinción has leído?

Escribir un cuento

Escribe un cuento acerca de una planta que esté en peligro de extinción. Di cómo logra salvarse y cómo la ayudas a hacerlo. Asegúrate de que tu cuento tenga un principio, un desarrollo y un final.

Crear una guía de tu comunidad

¿Dónde están las zonas verdes de tu comunidad? Haz una lista de los lugares de tu vecindario donde puedas ir a ver y oler flores y plantas. Incluye parques, floristerías y tiendas de plantas. Escribe algo de cada uno de estos lugares. Puedes dibujar un mapa para mostrar dónde se encuentran estos lugares.

Preparar un discurso

Prepara un discurso en el que se den varias razones de lo importante que es proteger las flores y las plantas. Incluye ideas que podrían ayudar a proteger plantas en peligro de tu comunidad.

Investiga

Todos los estados tienen una flor oficial. ¿Cuál es la flor de tu estado? ¿Por qué se ha elegido? ¿A qué se parece? ¿Es una planta en peligro?

Elegir una fuente de referencia

Diccionario

flor **1**. La parte de la planta que produce semillas; capullo. **2**. Polvillo que tienen ciertas frutas en el árbol.

Enciclopedia

flor La flor es el órgano mediante el cual se reproducen las plantas. Existen muchos tipos de flores como la margarita, el diente de león, la rosa, el clavel y la violeta. Hay cientos de flores silvestres y de jardín.

Libro de jardinería

Cómo cuidar de sus plantas
por Daisy Littlesfield

Guía telefónica

Floristerías

Flores Ana.....................525-3456

Floristería Jesulín........324-6789

Jardinería Olga..............718-4049

Elige una fuente de referencia para contestar.

1 ¿Qué libro usarías para averiguar todos los significados posibles de la palabra "flor"?

2 ¿Cuál es el número de teléfono de la Jardinería Olga?

3 ¿Qué libro te diría cuál es la mejor época del año para plantar rosales?

4 ¿Cuándo elegirías el libro *Cómo cuidar de sus plantas* en vez de la enciclopedia?

5 ¿A dónde llamarías si quisieras comprar plantas?

386

Hazte de nuevo las preguntas usando tus propias palabras.

INDICACIONES:

Lee el cuento. Luego lee cada una de las preguntas.

MODELO

La aventura de Pedro y Gloria

Pedro y Gloria fueron de pesca con su mamá. Gloria llevaba las cañas y Pedro una lata con lombrices. Pedro pescó una mola. Su madre le enseñó cómo debía sacarle el anzuelo. Así el pez no sufriría. Luego volvió a poner el pez en el agua con cuidado.

Gloria pensó que había pescado algo, pero sólo eran algas. Aunque estaba desalentada, Gloria se rió.

Después de un rato, empacaron todas sus cosas y regresaron a su casa.

1 ¿Cuál es la idea principal del cuento?

○ Pedro y Gloria van de pesca con su mamá.

○ Pedro y Gloria cocinaron pescado.

○ Pedro y Gloria saben adónde ir a pescar.

○ Es desalentador pescar algas.

2 ¿Qué hace la madre con el pez que pescó Pedro?

○ Lo lleva a casa para ponerlo en un estanque.

○ Le saca el anzuelo y lo devuelve al agua.

○ Les muestra a Gloria y a Pedro la cola del pez.

○ Le saca una foto al pez.

Iremos a la montaña

A la montaña,
nos vamos ya,
a la montaña
para jugar.

En sus laderas
el árbol crece,
brilla el arroyo,
la flor se mece.

Qué lindo el aire,
qué bello el sol,
azul el cielo,
se siente a Dios.

Vivan mis valles
los Calchaquíes
y mis montañas
que al sol se ríen.

Está la tarde
de terciopelo,
malva en la piedra,
rosa en los cielos.

A la montaña
formemos ronda,
ronda de niños,
ronda redonda.

Alfonsina Storni

Glosario

En este glosario puedes encontrar el **significado** de muchas de las palabras más difíciles del libro. Están en **orden alfabético**. Cada palabra está dividida en **sílabas**. En la parte superior de cada página verás dos palabras: son la primera y la última de esa página. Te ayudarán a encontrar la palabra que busques.

El glosario también incluye **sinónimos** para algunas palabras. Un sinónimo es una palabra que puede ser usada en reemplazo de otra. Un sinónimo de *ver* es *mirar*.

Los adjetivos aparecen en masculino singular. Los sustantivos aparecen en singular. Los verbos aparecen en infinitivo.

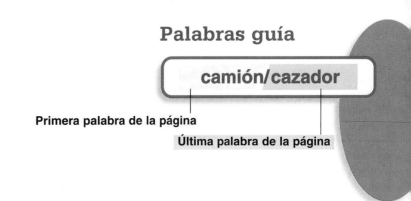
Ejemplo de artículo

Parte de la oración

Artículo

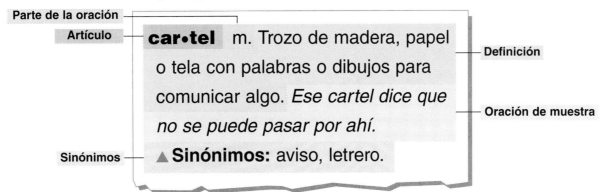

car•tel m. Trozo de madera, papel o tela con palabras o dibujos para comunicar algo. *Ese cartel dice que no se puede pasar por ahí.*
▲ **Sinónimos:** aviso, letrero.

Definición

Oración de muestra

Sinónimos

En este glosario se utilizan las siguientes abreviaturas:

adj.	adjetivo
adv.	adverbio
f.	sustantivo femenino
fr.	frase
m.	sustantivo masculino
m.y f.	sustantivo masculino y femenino
n.p.	nombre propio
prep.	preposición
pron.	pronombre
v.	verbo
s.	sustantivo masculino o femenino

Aa

a·bis·mo *m.* Sitio muy profundo, cuyo fondo no se puede ver. *No te acerques al borde del abismo, que es muy peligroso.*

▲ **Sinónimo:** precipicio.

a·do·les·cen·te *m.* y *f.* Persona que ya no es un niño pero que todavía no es un adulto. *Te darás cuenta de que eres un adolescente cuando te empiece a cambiar la voz.*

a·gri·cul·tor/to·ra *s.* Persona que cultiva la tierra. *El agricultor se levanta temprano para trabajar en sus cultivos.*

▲ **Sinónimos:** labrador, granjero.

a·gu·je·ro *m.* Hueco más o menos redondo en alguna cosa. *Por ese agujero puedes ver qué pasa al otro lado del muro.*

▲ **Sinónimo:** orificio.

a·hu·mar *v.* Poner algo al humo. *En algunos pueblos, la gente ahuma la carne de cerdo para conservarla y darle sabor.*

a·le·ta·zos (dar) *fr.* Latir el corazón muy fuerte, como los golpes de los pies al nadar. *Cuando estoy emocionado, el corazón me da aletazos.*

a·lien·to *m.* Respiración. *No corras tan rápido, que te vas a quedar sin aliento.*

al·re·de·dor *adv.* Donde está lo que rodea a alguien o algo. *La cerca está alrededor del jardín.*

▲ **Sinónimo:** en torno.

al•ti•vo *adj.* Orgulloso, soberbio. *Adela es muy altiva, no le gusta aceptar sus errores.*

al•to *adj.* Que se distingue por su tamaño, mayor que el promedio. *Rubén es el más alto de su familia.*
▲ **Sinónimo:** espigado.

a•ma•rra *f.* Cuerda o cable que se usa para amarrar un barco a un puerto. *Las amarras se rompieron, y al barco se lo llevó la corriente.*

an•da•luz *adj.* Que es de Andalucía, un lugar de España. *Mi abuelo, que era andaluz, vino a vivir a América cuando era joven.*

a•né•mo•na *f.* Flor con pétalos muy grandes y vistosos. *Mi abuelo cultiva anémonas de distintos colores en su jardín.*

an•fi•bio *adj.* Que puede vivir en tierra o dentro del agua. *La rana y el sapo son animales anfibios.*

a•ñi•cos *(hacerse) fr.* Romperse en mil pedazos. *Ayer se me cayó un plato de las manos y se hizo añicos.*

a•ni•mo•so *adj.* Que tiene ánimo y energía. *Antonio es muy animoso, siempre está buscando algo útil que hacer.*
▲ **Sinónimos:** enérgico, resuelto.

an•ti•guo *adj.* Que existe desde hace mucho tiempo, o que existió hace mucho tiempo. *Ese castillo es muy antiguo, lo construyeron hace ocho siglos.*
▲ **Sinónimos:** viejo, arcaico.

an•ti•pá•ti•co *adj.* Que provoca rechazo o pocas ganas de estar cerca de él. *Por ser tan antipático, Luis ya no tiene amigos.*

▲ **Sinónimos:** odioso, repulsivo.

a•pa•ra•to *m.* Conjunto de piezas que se pone en una parte del cuerpo de una persona para corregir algún problema. *Los médicos le pusieron un aparato en el codo a Ramón para que pueda doblar el brazo.*

ar•bus•to *m.* Planta con muchas ramas como los árboles, pero menos alta y sin tronco. *Algunos jardines están cercados por arbustos.*

a•rra•sar *v.* Destruir algún lugar, sin dejar nada en pie. *El tornado arrasó varios pueblos y ciudades.*

▲ **Sinónimo:** asolar, destruir.

a•te•rra•do *adj.* Muy asustado. *El perro enorme y bravo de mi vecino me tiene aterrado.*

▲ **Sinónimo:** Aterrorizado.

be•ne•fi•cio•so *adj.* Que da provecho, que es útil. *Las lluvias son beneficiosas para la agricultura, porque riegan los sembrados.*

▲ **Sinónimos:** benéfico, provechoso.

bri•llan•te *adj.* Que brilla, que da o refleja luz. *Algunas estrellas son más brillantes que otras.*

brus•co *adj.* **1.** Que sucede de pronto, muy rápido. *Por hacer un movimiento muy brusco, me caí de la bicicleta.* **2.** Aspero, rudo, violento. *No seas brusco cuando juegas con tu hermano.*

cai•mán *m.* Reptil muy parecido al cocodrilo, pero más pequeño. *El caimán es un reptil que vive en ríos de América.*

cam•biar *v.* Hacer que una cosa sea distinta de lo que es. *Samuel es muy antipático; él debe cambiar su comportamiento si quiere tener más amigos.*
▲ **Sinónimos:** modificar, alterar.

cam•pan•te *adj.* Alegre, contento, satisfecho. *Olga está muy campante, seguro que algo bueno le ha pasado.*

ca•pa *f.* Lo que cubre alguna cosa. *Una capa de nieve cubría la ciudad después de la tormenta.*

ca•paz *adj.* Que puede hacer algo, que tiene talento para hacerlo. *¿Seré capaz de saltar de un lado a otro del arroyo?*
▲ **Sinónimos:** apto, idóneo.

ca•ra•be•la *f.* Barco antiguo, poco pesado, largo y no muy ancho, con tres velas. *Cristobal Colón y sus compañeros vinieron a América en tres carabelas.*

car•do *m.* Planta que produce unas flores azules y unos frutos parecidos a la alcachofa que se pueden comer. *Los cardos crecen en el campo.*

395

ca•rre•te•ra *f.* Camino ancho construido especialmente para que transiten los autos. *En verano pasan muchísimos autos por la carretera que lleva a la playa.*

ca•ta•le•jo *m.* Tubo con lentes que sirve para ver cosas que están lejos. *El marinero miró por el catalejo y vio que se acercaban a una isla.*

ca•ta•plas•ma *f.* Medicina que se pone sobre la piel para calmar a un enfermo. *Si te duele mucho la cabeza, ponte una cataplasma.*

ce•re•bro *m.* Órgano del hombre y los animales, dentro de la cabeza, que controla el funcionamiento del cuerpo. *El cerebro da órdenes a las otras partes del cuerpo.*

ce•sar *v.* Acabarse una cosa. *Cuando la lluvia cesó, el sol salió.*

▲ **Sinónimos:** parar, terminar.

cés•ped *m.* Hierba menuda que cubre la tierra en los jardines. *Los fines de semana, mi hermano corta el césped de mi jardín y yo lo riego.*

char•co *m.* Agua contenida en un hueco en la tierra o suelo. *No metas los pies en ese charco, que el agua está sucia.*

cien•tí•fi•co/ca *s.* Persona que se dedica a las ciencias. *Cuando sea grande, yo quiero ser un científico.*

ci•ma *f.* La parte más alta de una montaña o un cerro. *Es muy difícil llegar a la cima de ese cerro.*

▲ **Sinónimos:** cúspide, pico.

co•lo•nia *f.* Grupo de animales de una misma especie que viven juntos en un lugar. *En mi jardín vive una colonia de abejas silvestres.*

com•pa•sión *f.* Pena que se siente por una persona que sufre o que tiene problemas. *Siento compasión por las personas que no tienen un hogar.*

▲ **Sinónimos:** misericordia, piedad.

co•mún *adj.* Que no es raro, que puedes encontrarlo con mucha frecuencia y facilidad. *Las palomas y los gorriones son animales muy comunes en las ciudades; están por todos lados.*

▲ **Sinónimos:** corriente, ordinario, usual.

co•ral *m.* Arbusto de hojas ovaladas y flores pequeñas. *Con las semillas de coral se pueden hacer collares muy bonitos.*

co•rrien•te *f.* Movimiento en una dirección determinada de las aguas de un río. *A mi barquito de papel se lo llevó la corriente, y nunca más pude verlo.*

▲ **Sinónimos:** curso, dirección, torbellino.

co•se•cha *f.* Conjunto de frutos que produce un cultivo. *Este año, gracias a las lluvias, la cosecha de naranjas fue muy buena.*

▲ **Sinónimos:** recolección, producción.

cos•qui•lle•o *m.* Sensación parecida a la que producen las cosquillas. *Cada vez que tengo hambre, siento un cosquilleo en la barriga.*

cria•tu•ra *f.* Ser vivo, animal o persona. *Las criaturas del desierto están acostumbradas a la falta de agua.*

cru•jir *v.* Hacer un ruido al romperse algo. *Cuando me senté, la silla crujió y antes de darme cuenta ya estaba en el suelo.*

cue•va *f.* Hueco muy grande en la tierra, natural o construido, donde a veces viven animales. *En esa cueva vive una familia de osos.*

▲ **Sinónimos:** antro, gruta.

Dd

de•sa•pa•re•cer *v.* Dejar de existir. *Hace muchos miles de años que los dinosaurios desaparecieron de la superficie de la Tierra.*

des•com•po•ner•se *v.* Corromperse, pudrirse. *Después de varios días, los animales muertos se descomponen y huelen mal.*

des•pa•vo•ri•do *adj.* Que tiene muchísimo miedo. *Micaela salió corriendo despavorida cuando creyó ver un fantasma.*
▲ **Sinónimos:** espantado, horrorizado.

des•pre•cio *m.* Lo que se siente por alguien o algo que pensamos que vale nada o muy poco. *Jaime siente desprecio por los que no piensan como él.*
▲ **Sinónimos:** desdén, menosprecio.

des•ve•lar *v.* Quitar el sueño, no dejar dormir. *Por culpa de un dolor de muelas, mi papá lleva dos noches desvelado.*

di•rec•ción *f.* Camino o rumbo que sigue algo que se mueve. *¿En qué dirección va ese tren?*

don *m.* Virtud, habilidad o característica buena que tiene una persona. *Verónica tiene un don especial para la música, ella puede tocar cualquier instrumento.*

e•go•ís•ta *adj.* Que sólo se preocupa de sí mismo, y que no le gusta compartir sus cosas con los demás. *Nadie quiere ser amigo de Carlota porque es una niña muy egoísta.*

en•du•re•cer•se *v.* Ponerse una cosa dura. *Cuando la pones en la nevera, el agua se endurece y se vuelve hielo.*

en•te•rra•do *adj.* Que está cubierto de tierra, bajo suelo. *Los huesos que mi perro no quiere comer están enterrados en algún lugar del jardín.*

en·tris·te·cer·se *v.* Ponerse triste. *Mi madre se entristece cuando algo malo me pasa.*

▲ **Sinónimos:** afligirse, apenarse.

en·vi·dia *f.* Enojo que sientes cuando alguien tiene algo que tú quieres. *Me da envidia que tú tengas una bicicleta y yo no.*

▲ **Sinónimo:** celos.

en·vol·ver *v.* Cubrir con papel, tela, o algo parecido. *Para poder pagar sus estudios, Fernanda envuelve paquetes en una tienda.*

▲ **Sinónimo:** embalar.

e·qui·pa·je *m.* Las cosas que uno lleva cuando viaja. *Trata de viajar con poco equipaje para que no tengas que cargar mucho peso.*

▲ **Sinónimo:** bagaje.

equipaje

es·pe·cie *f.* Nombre que se le da a cada grupo de animales o plantas del mismo tipo. *Los hipopótamos son una especie en peligro de extinción.*

es·pe·so *adj.* Donde todo está muy junto y apretado. *En las partes más espesas de la selva nunca llega la luz del sol.*

▲ **Sinónimo:** tupido.

es·plén·di·do *adj.* Excelente, magnífico. *Soledad es una espléndida jugadora de tenis y nadie puede ganarle.*

es·ta·ca *f.* Palo afilado en uno de sus lados, para poder clavarlo. *El jinete clavó una estaca en la tierra y amarró de ella a su caballo.*

es•tre•pi•to•so *adj.* Que hace un ruido muy fuerte. *El choque fue muy estrepitoso, pero por suerte no hubo heridos.*

▲ **Sinónimos:** estruendoso, ruidoso.

ex•ca•va•ción *f.* Hueco que se hace en la tierra para buscar algo. *Los arqueólogos hacen excavaciones para buscar restos de culturas antiguas.*

ex•per•to/ta *s.* Persona que sabe mucho sobre un tema. *Mi primo es un experto en computadoras.*

▲ **Sinónimo:** perito.

ex•qui•si•to *adj.* Que tiene muchísima calidad o gusto. *La comida que prepara mi tía Cristina es exquisita; nunca he probado nada igual.*

▲ **Sinónimos:** delicado, fino, excelente.

ex•tra•ño *adj.* Que no pertenece a un grupo, que no es conocido por las personas de un lugar. *Mi mamá dice que es peligroso hablar con extraños.*

▲ **Sinónimo:** forastero.

fa•bu•lo•so *adj.* Extraordinario, increíble, maravilloso. *El lugar más fabuloso que he visto es el Gran Cañón del río Colorado.*

fa•mi•liar *adj.* Que uno ya conoce. *Esa canción me suena familiar, ya la he escuchado antes.*

▲ **Sinónimo:** conocido.

401

fa•rol *m.* Caja de vidrio dentro de la cual se pone una luz. *Cuando no había postes de luz eléctrica, en la noche se colgaban faroles de las paredes para alumbrar las calles.*

fil•trar•se *v.* Pasar un líquido a través de algo sólido. *Cuando llueve mucho, el agua se filtra por el techo de mi casa.*

flo•res•ta *f.* Selva. *Vamos a la floresta a recoger flores silvestres y hongos.*

fo•rrar *v.* Cubrir algo con un material como telas o cojines, para protegerlo, adornarlo o hacerlo más cómodo. *Los sofás de la casa de mi abuela están forrados con terciopelo.*

▲ **Sinónimos:** tapizar, revestir.

fó•sil *m.* Restos de un animal o planta que con el tiempo se han vuelto duros como la piedra. *Unos científicos encontraron el fósil de un animal que vivió hace millones de años.*

fuer•za *f.* Energía, poder. *El viento soplaba con tanta fuerza que los árboles se doblaban.*

graz•ni•do *m.* Grito de algunas aves, como el cuervo y el ganso. *El pájaro, asustado, lanzó un graznido.*

gua•ya•ba *f.* Fruta un poco más pequeña que una pera, más o menos dulce, que está llena de unos granillos o semillas pequeñas. *La guayaba es de varios colores: a veces es verde o amarilla, pero puede ser también roja.*

Hh

ha•ma•ca *f.* Red hecha de pitas que se amarra a dos árboles y sirve para mecerse o dormir. *Rodrigo está durmiendo en la hamaca de su jardín.*

he•le•cho *m.* Planta formada por tallos delgados y rectos, y hojas ovaladas que crecen alineadas en los tallos. *El helecho es una planta que se usa mucho para adornar las casas.*

her•mo•so *adj.* Que es bello, que resulta agradable de ver. *Las puestas de sol en el mar son muy hermosas.*

hie•na *f.* Animal carnívoro, algo parecido al lobo, de color gris con manchas, que se caracteriza por hacer un ruido que parece una risa. *La hiena se alimenta de restos podridos de animales.*

ho•ci•co *m.* Parte de la cabeza de algunos animales donde está la boca y la nariz. *Mi perro hunde el hocico en su plato cuando come.*

hu•ra•cán *m.* Viento muy fuerte que gira en grandes círculos. *El huracán destruye lo que encuentra a su paso.*

Ii

i•ma•gi•na•ción *f.* Facilidad que tiene una persona para tener ideas o proyectos nuevos, o crear historias. *Para ser escritor de cuentos o novelas, debes tener una gran imaginación.*

im•pa•cien•te *adj.* Que no tiene paciencia, que no puede esperar. *Mi hermana estaba tan impaciente por ver sus regalos de cumpleaños, que los abrió un día antes.*
▲ **Sinónimos:** inquieto, vehemente.

in•cen•diar *v.* Quemar, prender fuego a algo que no debía ser quemado, como un edificio o un bosque. *La gente que vivía en el edificio incendiado ahora no tiene dónde vivir.*

Incendio

in•di•fe•ren•te *adj.* Que no le importa algo. *Victoria parece indiferente a los problemas de los demás, pero en realidad sí le importan.*
▲ **Sinónimos:** apático, indolente.

in•ven•to *m.* Cosa creada por alguien, que no existía antes y que sirve para algo. *La computadora es un invento muy útil.*
▲ **Sinónimo:** invención.

Jj

ja•de•an•te *adj.* Que respira rápido y trabajosamente. *Alberto llegó jadeante a la meta, pero ganó la carrera.*

ju•ga•rre•ta *f.* Burla, trampa. *Mi hermano me hizo una jugarreta: escondió mi mochila y me hizo creer que alguien la había robado.*

▲ **Sinónimo:** mala pasada.

ju•go•so *adj.* Que tiene mucho jugo. *Los limones que produce el huerto de mi vecino son más jugosos que los limones comunes.*

Ll

la•pa *f.* Mamífero roedor, también conocido como paca. *La lapa tiene el pelo espeso y lacio, cola y pies muy cortos, hocico agudo y orejas pequeñas y redondas.*

lás•ti•ma *f.* Pena que se siente por los problemas de otro. *Me da mucha lástima que no hayas podido aprobar el examen.*

▲ **Sinónimos:** compasión, piedad, misericordia.

li•via•no *adj.* Que pesa poco. *Esteban parece liviano como una pluma.*

Mm

ma•de•ra *f.* Parte dura de los árboles, cubierta por la corteza. *La madera está en el tronco y las ramas del árbol.*

ma•íz *m.* Planta de tallo largo y hojas alargadas, cuyos frutos tienen granos que son muy alimenticios. *El maíz es una planta americana.*

ma•mí•fe•ro *adj.* Animales cuyas crías se alimentan con la leche de la madre. *El perro y el gato son mamíferos.*

ma•na•da *f.* Grupo de animales de la misma especie que van juntos a todos lados. *Los caballos salvajes andan en manadas por las praderas del Oeste.*

ma•ra•vi•llo•so *adj.* Extraordinario, excelente, encantador. *Todas las madres piensan que sus hijos son maravillosos.*

mas•to•don•te *m.* Animal parecido al elefante que existió hace millones de años. *Los mastodontes vivían en manadas.*

ma•zor•ca *f.* Nombre que se le da a los frutos de plantas que crecen en espigas, como el maíz, y que tienen granos alineados y muy juntos. *El granjero está recogiendo las mazorcas de maíz en el sembrado.*

me•ca•te *m.* Soga, cuerda. *En América Central se llama mecate a la soga.*

me•di•tar *v.* Pensar mucho sobre algo, para entenderlo. *Cuando juega al ajedrez, Tomás medita cada jugada antes de mover las fichas.*
▲ **Sinónimos:** reflexionar, cavilar, ponderar.

mo•rro•coy *m.* Tortuga americana, con la caparazón rugosa, oscura y con cuadrados amarillos. *El morrocoy es una tortuga muy común en Cuba.*

mu•le•ta *f.* Apoyo de madera o metal que las personas con piernas débiles usan para caminar. *Cuando me doblé el tobillo tuve que usar muletas.*

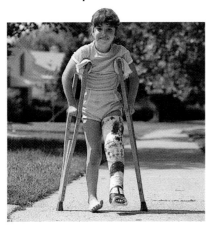

Nn

na•tu•ral *adj.* Perteneciente a la naturaleza, que no ha sido hecho por el hombre. *Los bosques son parte de la riqueza natural de nuestro país.*

ner•vios (a la miseria, tener los; estar enfermo de los puros) *fr.* Estar demasiado nervioso. *Mi mamá tiene los nervios a la miseria.*

▲ **Sinónimo:** tener los nervios destrozados.

Oo

o•fi•ci•na *f.* Lugar de trabajo dentro de un edificio. *En las oficinas, los empleados trabajan sentados frente a sus escritorios.*

▲ **Sinónimo:** despacho.

o•por•tu•ni•dad *f.* Momento en que es posible conseguir algo que queremos lograr. *Tuve varias oportunidades de hacer goles durante el partido, pero me falló la puntería.*

op•ti•mis•mo *m.* Actitud que tienen las personas que siempre ven el lado bueno de algo. *Es mejor tener optimismo cuando las cosas no van muy bien y así seguir adelante.*

▲ **Sinónimos:** entusiasmo, confianza.

407

pas•ma•do *adj.* Muy asombrado por algo, que se queda con la boca abierta. *Me quedé pasmado cuando me dijeron que había ganado la lotería.*

▲ **Sinónimos:** alelado, atontado.

pe•ga•jo•so *adj.* Que se pega fácilmente. *La goma de mascar es muy pegajosa.*

pe•ñas•co *m.* Piedra grande que sobresale en una montaña. *Algunos pájaros hacen sus nidos en los peñascos de las montañas.*

pe•o•ní•a *f.* Flor muy grande de color rojo o rosado, producida por la planta del mismo nombre. *La peonía crece en lugares húmedos y al pie de las montañas.*

per•ple•jo *adj.* Confundido, que no sabe qué hacer. *Cuando le dijeron a Mario que un ladrón había entrado a robar su casa, se quedó perplejo.*

▲ **Sinónimos:** vacilante, asombrado, confuso.

pla•ne•ta *m.* Astro que gira alrededor de una estrella. *La Tierra es uno de los planetas que gira alrededor del Sol.*

po•bla•do *m.* Lugar formado por casas, donde viven varias personas. *A orillas del río Amazonas hay muchos poblados pequeños, donde viven pescadores y leñadores.*

po·li·zón *m.* Persona que sube sin permiso para viajar en un barco o un avión. *El capitán del barco encontró un polizón escondido en los botes salvavidas.*

po·zo *m.* Hueco que se hace en la tierra para sacar agua. *En las casas de campo antiguas el agua se sacaba de un pozo.*

pre·ci·pi·tar·se *v.* Arrojarse, tirarse. *El perro se precipitó contra Adriana para morderla.*

pre·sión *f.* Fuerza que se hace al apretar algo. *Cuando te sientas, tu cuerpo hace presión contra el asiento.*

pre·su·mir *v.* Decirle o mostrarle exageradamente a las demás personas algo bueno sobre uno mismo. *A Martín le gusta presumir de los premios que ha ganado en la escuela.*

▲ **Sinónimos:** jactarse, vanagloriarse.

pre·ve·ni·do *adj.* Cuidadoso, que está preparado para una cosa. *Si eres prevenido no tendrás problemas después.*

pri·mo/ma *s.* El hijo del tío o la tía. A veces se usa informalmente para hablar de especies que están relacionadas. *Los lobos son primos de los perros.*

prin·ce·sa *f.* Esposa del príncipe o hija del rey. *Como las princesas son tan importantes, todos las atienden y ellas nunca hacen nada.*

409

pro•hi•bi•do *adj.* Que no está permitido hacer. *En la biblioteca está prohibido hablar en voz alta.*

pro•te•ger *v.* Hacer algo para alejar de un peligro a una persona, animal o cosa. *Cuando mi perro era pequeño, yo lo protegía; ahora él me protege a mí.*

▲ **Sinónimos:** amparar, preservar, resguardar.

Rr

re•bel•de *adj.* Que no hace caso, que no obedece. *A Pedro lo castigaron por ser rebelde.*

▲ **Sinónimos:** desobediente, indócil.

re•cio *adj.* Fuerte, robusto, vigoroso. *Para ser jugador de fútbol americano tienes que ser recio y veloz.*

re•fu•gio *m.* Lugar donde alguien puede encontrar protección y amparo. *Como no encontramos un refugio para protegernos de la tormenta, terminamos mojados.*

▲ **Sinónimos:** cobijo, albergue.

re•se•co *adj.* Que está demasiado seco. *En el desierto, el suelo está siempre reseco por la falta de lluvias.*

re•si•na *f.* Líquido espeso que producen algunas plantas. *No toques ese árbol, que te vas a manchar con su resina.*

res•tau•ran•te *m.* Lugar con mesas donde se venden alimentos para ser comidos ahí. *Ayer fuimos a comer a un restaurante de comida china.*

re•vis•ta *f.* Publicación que sale regularmente, y que tiene artículos sobre temas diversos. *Las revistas que más me gustan son las de cine.*

ri•co *adj.* Que tiene un sabor muy agradable. *Lo más rico del almuerzo es el postre.*
▲ **Sinónimo:** sabroso.

ro•tun•do *adj.* Completo, definitivo. *Nuestro fracaso en el campeonato fue rotundo: no ganamos ningún partido.*

ru•gi•do *m.* Grito muy fuerte del león cuando está molesto. *Los rugidos del león se podían escuchar por toda la selva.*

sa•bor *m.* Sensación que los alimentos y las cosas en general producen en la boca. *Esas manzanas tienen un sabor muy amargo.*
▲ **Sinónimo:** gusto.

se•ca *f.* Tiempo en que no hay agua o lluvias por mucho tiempo. *Cuando hay seca, los agricultores pierden muchos cultivos.*
▲ **Sinónimo:** sequía.

sen•ci•llo *adj.* Que no es muy interesante, vistoso o atractivo. *Manuel es una persona muy sencilla, nadie se fija nunca en él.*
▲ **Sinónimo:** simple.

sen•si•ble *adj.* Que se deja llevar fácilmente por sus sentimientos. *Maribel es una persona muy sensible, llora por cualquier cosa.*

411

se•re•na•ta *f.* Música que se canta en la calle dedicada a una persona. *Ayer por la noche sus amigos le dieron una serenata a mi hermana por su cumpleaños.*

siem•pre (para) *fr.* Por todo el tiempo, eternamente. *Me voy para siempre, ya no volveré nunca más.*

si•guien•te *adj.* Que sigue, que viene en seguida. *Ahora están dando una película en la televisión; el siguiente programa es el noticiero.*

sil•ves•tre *adj.* Que crece o se cría naturalmente en el campo, sin cuidado de nadie. *En los bosques hay muchas especies de flores silvestres.*
▲ **Sinónimos:** campestre, rústico, agreste.

som•bra *f.* Oscuridad que se produce junto a algo cuando del otro lado le da la luz. *La sombra de una persona es muy pequeña al mediodía y muy larga al atardecer.*

súb•di•to/ta *s.* Persona que, por vivir en un reino, depende del rey y debe obedecerle. *Los súbditos querían mucho al rey porque éste era justo y generoso.*

sub•te•rrá•ne•o *adj.* Que está bajo tierra. *En algunas ciudades hay trenes subterráneos.*

412

su•fi•cien•te *adj.* Que alcanza para lo que se necesita. *El dinero que tengo no alcanza para comprar un chocolate, pero es suficiente para comprar un chicle.*

su•per•fi•cie *f.* La parte externa de una cosa. *En el centro de la Tierra hace más calor que en la superficie.*

ta•lan•te *m.* Aspecto, cómo se ve una persona. *Gabriela se ve hoy de mal talante, debe ser que está enferma.*
▲ **Sinónimos:** semblante, cariz.

tem•pes•tad *f.* Lluvia muy fuerte, acompañada de vientos y truenos. *La tempestad fue tan fuerte que destruyó muchos cultivos.*
▲ **Sinónimos:** tormenta, borrasca.

te•ra•pia *f.* Tratamiento que sirve para que alguien que tuvo un accidente o enfermedad pueda realizar los movimientos y acciones de la vida diaria. *Con la terapia Eva volvió a caminar.*

ter•cio•pe•lo *m.* Tela sedosa de vello corto y tupido. *El terciopelo es una tela muy suave cuando la tocas.*

tes•ti•go *m.* y *f.* Persona que está presente cuando algo ocurre, y lo ve. *Ayer fui testigo de un accidente.*

ti•bio *adj.* Entre caliente y frío. *La leche está tibia, ¿me la puedes calentar?*

to•ne•la•da *f.* Unidad de peso, equivalente a 20 quintales o 1,000 kilos (tonelada métrica). *Ese camión debe pesar varias toneladas.*

tor•ta *f.* Masa de harina, de forma redonda, que se cocina a fuego lento. *Las tortas son un alimento muy popular en varios países de América Latina.*

tram•po•so *adj.* Que hace trampas. *Benito es un tramposo, no respeta las reglas del juego ni juega limpio.*
▲ **Sinónimos:** estafador, embustero.

tro•no *m.* Asiento de un rey. *En el palacio, el lugar más importante es la sala donde está el trono.*

tro•zo *m.* Parte separada de una cosa. *Ayer encontraron un trozo del avión que se cayó en el mar.*
▲ **Sinónimos:** pedazo, porción.

Uu

ur•ba•no *adj.* Perteneciente a la ciudad. *La contaminación y el ruido son dos problemas urbanos.*

Vv

va•ho *m.* Vapor que despide el cuerpo, aliento. *Cuando hace mucho frío, se puede ver el vaho que sale de la boca de las personas.*

va•lio•so *adj.* Que vale mucho, que es muy útil. *Ese libro es muy valioso, cuídalo.*
▲ **Sinónimos:** precioso, inapreciable.

va•lla•do *adj.* Que tiene vallas alrededor, para no permitir que alguien pase por ahí. *Los jardines de mi parque están vallados.*

vam•pi•ro *m.* Tipo de murciélago que le chupa la sangre a los animales. *Un vampiro atacó ayer a mi caballo.*

ve•ge•ta•ción *f.* Conjunto de plantas que existen en un lugar determinado. *En la selva, la vegetación es abundante.*

ven•ta•rrón *m.* Viento que sopla con mucha fuerza. *Un ventarrón muy fuerte me arrancó el sombrero de la cabeza.*

ve•ra•no *m.* Estación del año, la más calurosa. *Lo que más me gusta del verano es que puedo ir mucho a la playa.*
▲ **Sinónimo:** estío.

vis•to•so *adj.* Que atrae mucho la atención por su apariencia. *Los domingos, las señoras del pueblo se ponían sus ropas más vistosas.*
▲ **Sinónimos:** atrayente, llamativo.

zig-zag *m.* Línea que avanza recta en una dirección, de repente cambia a otra dirección en un ángulo, luego vuelve a la dirección anterior, y así varias veces. *Si corres en zigzag, es más difícil que alguien pueda atraparte.*

ACKNOWLEDGMENTS

The publisher gratefully acknowledges permission to reprint the following copyrighted material:

"Sorpresa" from VIAJE DE LA HORMIGA by Alicia Barreto de Corro. Published by Alicia Barreto de Corro. Used by permission of the author.

"La Cucarachita Martina" from LA CUCARACHA MARTINA by Daniel Moretón. Copyright © 1997 by Daniel Moretón. Reprinted by permission of Turtle Books.

"El girasol", from RITMOS DE TIERRA Y MAR by Isabel Freire de Matos. Copyright © by the author. Used by permission of the author.

"El hombre que no podía volar" by Mireya Cueto. Copyright © 1998 by Consejo Nacional para la Cultura y las Artes. Reprinted by permission of the author.

"El rey de Ki-Kiricando" and "Hechizos de negro" from El ZOOILÓGICO by Salvador de Toledo. Copyright © by Editorial Everest. Used by permission of the publisher.

"El primer pájaro de Piko-Niko" by María de la Luz Uribe. Copyright © 1987 by María de la Luz Uribe and Fernando Krahn. Reprinted by permission of Editorial Juventud.

"Mi tambor" by Emma Holguín Jiménez and Conchita González Puncel from DÍAS Y DÍAS DE POESÍA. Copyright © 1988 by Macmillan/McGraw-Hill Publishing Company. Used by permission of the publisher.

"Yaci y su muñeca" adapted by Concepción Zendrera. Copyright © 1974 Editorial Juventud. Used by permission of the publisher.

"Mi ciudad" from LA POESÍA INFANTIL by Graciela Perriconi and Amalia Wischñevsky. Copyright © 1984, 1988 by Editorial El Ateneo. Used by permission of the publisher.

"La bruja Maruja" from LA POESÍA NO ES UN CUENTO by Gloria Fuertes. Copyright © 1989 by the author and Editorial Bruño. Used by permission of the publisher.

"La mata de guayabas" from LA CENA DE TÍO TIGRE by Clara Rosa Otero. Copyright © 1993 by Ediciones Ekaré. Used by permission of the publisher.

"El naranjo que no daba naranjas" by Zoraida Vásquez and Julieta Montelongo. Copyright © 1984 by Editorial Trillas. Used by permission of the publisher.

"La sorpresa de los miércoles" entire translation of the text of "The Wednesday Surprise" by Eve Bunting with illustrations by Donald Carrick. Text copyright © 1989 by Eve Bunting. Illustrations copyright © 1989 by Donald Carrick. Reprinted by permission of Clarion Books, a Houghton Mifflin Co. imprint.

"La Tierra" from RITMOS DE TIERRA Y MAR by Isabel Freire de Matos. Copyright © by the author. Used by permission of the author.

"Los fósiles nos hablan del pasado" translation of the entire text of "Fossils Tell of Long Ago" by Aliki. Copyright © 1972, 1990 by Aliki Brandenberg. Reprinted by permission of HarperTrophy, a division of HarperCollins Publishers.

"El capitán" from LENGUA ESPAÑOLA PARA LA ESCUELA PRIMARIA by Graciela González Tapia and Teresa Garduño Rubio. Copyright © 1980 by Publicaciones Cultural, S.A. Used by permission of the publisher.

"Mi madre" by Ricardo Trigueros de León from POEMAS ESCOGIDOS PARA NIÑOS by Francisco Morales Santos. Copyright © 1998 by Editorial Piedra Santa, S.A. de C.V. Used by permission of the publisher.

"Rosa caramelo" by Adela Turin and illustrated by Nella Bosnia. Copyright © 1976 by Contact Studio. Published by Editorial Lumen. Used by permission of the author.

"Ramiro" by Beatríz Ferro and Illustrated by Clara Urquijo. Copyright © 1991 by Editorial Lumen. Reprinted by permission of the author.

"La princesa" translation of the entire text of "Princess Phoo" by Kathleen M. Muldoon with illustrations by Linda Shute. Text copyright © 1989 by Kathleen M. Muldoon. Illustrations copyright © 1989 by Linda Schute. Originally published in hardcover by Albert Whitman & Company. All rights reserved. Used with permission.

"La gota de agua" by B.H. Hesslling from ARCOIRIS DE LA POESÍA INFANTIL by Lucía Araya and Clementina Maldonado. Copyright © 1987 by Editorial Universitaria. Used by permission of the publisher.

"El viaje del joven Matsúa" retold by Mada Carreño and illustrated by Gerardo Suzán. Copyright © 1987 by Editorial Trillas. Used by permission of the publisher.

"Flores del cafeto" from RITMOS DE TIERRA Y MAR by Isabel Freire de Matos. Copyright © by the author. Used by permission of the author.

"Iremos a la montaña" from LA POESÍA INFANTIL by Alfonsina Storni. Copyright© by Editorial el Ateneo. Used by permission of the publisher.

Cover Design
David Diaz

Illustration
Cucarachitas (Ph. Rhyme) pp. 12–13, Susan Gal
La Cucarachita Martina (Skill pg.) p. 46, Lee Glynn
El hombre que no podía volar pp. 50–71, Lizi Boyd (borders)
Cantante de plumas. . . (Ph. Rhyme) pp. 76–77, The Art Farm
El primer pájaro de Piko-Niko pp. 78–99, Vilma Ortiz-Dillon (borders)
El primer pájaro de Piko-Niko (Skill pg.) p. 102, Annie Bissett
Mi tambor (Ph. Rhyme) pp. 104–105, Melinda Levine
Yaci y su muñeca (Skill pg.) p. 126, Annie Bissett

Hechizos de negro (Ph. Rhyme) pp. 128–129, Tim Raglin
Mi ciudad (U. Closer) pp. 138–139, Oki Han
El congreso de los ratones (U. Opener) p. 140, Rosekrans Hoffman
La bruja Maruja (Ph. Rhyme) pp. 142–143, Lee Huy-Voun
La mata de guayabas pp. 144–157, Diane Paterson
El sapito glo, glo. . . (Ph. Rhyme) pp. 162–163, Bob Barner
Las primitas (Ph. Rhyme) pp. 188–189, Karen Blessen
La vendedora de frutas (Ph. Rhyme) pp. 220–221, Tom Leonard
La tierra (Ph. Rhyme) pp. 244–245, Erika LeBarre
Advina, Adivinador (U. Closer) pp. 254–255, Susan Staud
El capitán (U. Opener) p. 256, Kristen Barr
Mi madre (Ph. Rhyme) pp. 258–259, Teresa Smith
Tres tristes tigres (Ph. Rhyme) pp. 294–295, Michele Noiset
Pablito (Ph. Rhyme) pp. 326–327, Carol Inouye
La gota de agua (Ph. Rhyme) pp. 356–357, The Art Farm
Flores del cafeto (Ph. Rhyme) pp. 378–379, Antonio Cangerni
Iremos a la montaña (U. Closer) pp. 388–389, Michael Grejniac

Photography
73 Image Works/Dion Ogust; 100 MHSD; 159 Photo Researchers; 159 MHSD; 378 P/U; 392 Corbis/Pat O'Hara; 393 Sepp Seitz; 394 Corbis/DeWitt Jones; 396 Stock Boston/David Sams; 397 Black Star/Patrick Morrow; 398 Corbis/Jim Sugar; 398 All Stock Kevin Schafer/Martha Hill; 401 Kenneth Garretings/Image Collection; 402 FPG/Randy Green; 403 Corbis/Joe McDonald; 404 Corbis/George Hall; 407 To Come; 410 P/U; 411 Image Works/I. Nordell; 413 Corbis/Leif Skoogfors; 416 Animals Animals/Doug Wechsler